AF457202

PÉTITION

A LA

CONVENTION NATIONALE,

PAR LES CITOYENS FOUDRAS

ET CRÉQUY-MONTMORENCY.

PÉTITION

A LA

CONVENTION NATIONALE

PAR LES CITOYENS FOUDRAS ET CRÉQUY-MONTMORENCY,

Paris, ce 4 août 1793, l'an deuxième de la république, une & indivisible.

LÉGISLATEURS,

DANS les pétitions qui vous furent adressées les 7 & 21 du mois dernier, nous avons essayé de démontrer la double utilité d'une formation de jeunes éléves pour l'artillerie.

Restituer à la société une classe d'hommes que leur éducation précaire & vicieuse rendoit nulle, assurer l'existence de notre liberté par le soutien d'un nombre de bras exercés de bonne heure au sublime métier d'anéantir ses ennemis; tels étoient les avantages que nous avons cru que la patrie retireroit de cette institution vraiment nationale.

Aujourd'hui, légiſlateurs, nous venons, à l'appui de ce même établiſſement, lever l'obſtacle qu'une ſollicitude nuiſible chercheroit à faire naître relativement aux moyens d'entretenir ces élèves ſans augmenter ſenſiblement les charges de la république.

On pourroit d'un mot écarter cette objection; car il ſuffiroit, pour que la république mît cette dépenſe au nombre de celles qui doivent être acquittées les premières, que la convention reconnût : 1°. Que la guerre actuelle eſt de nature à ſe prolonger; 2°. Qu'il eſt important d'en prévenir le retour, pour conclure de-là que le ſeul moyen de réſiſter & de triompher des difficultés amenées par ces deux époques, ſeroit de multiplier, nous ne diſons pas le nombre des défenſeurs de la patrie, mais les moyens d'inſtruction qui doublent les forces du républicain, par la confiance qui naît toujours de la certitude de manœuvrer utilement, & la crainte que jette chez l'ennemi l'habileté de cette manœuvre, par l'épreuve qu'il en fait.

Nous porterons nos vues, Légiſlateurs, encore au-delà de ce calcul moral; nous voulons détruire juſqu'au germe d'une obſervation.

La patrie eſt en danger; les meſures de

sûreté qu'elle emploie sont immenses, & les dépenses qu'elles occasionnent le sont aussi.

La formation proposée du corps d'élèves artilleurs augmentera effectivement la masse de ces dépenses; & cette augmentation nécessitera une contribution que la convention ne balancera pas de décréter. Pourquoi n'indiquerions-nous pas les moyens d'établir un impôt nul pour les citoyens non fortunés, en le rejettant indirectement sur la classe des riches ?

L'impôt dont nous allons développer la théorie, est d'un produit bien supérieur à la dépense exigée par l'entretien du corps d'artilleurs ; mais nous croyons que l'excédent trouvera facilement son application : 1°. Sur les veuves des défenseurs de la patrie morts à son service.

2°. A la destruction totale de la mendicité, ressource affligeante & entièrement contraire au systême de fraternité qui fait la base du gouvernement républicain.

3°. En dotant ou indemnisant les victimes du despotisme.

4°. En secourant les citoyens de mérite & nécessiteux, dont les besoins seront constatés par les fonctionnaires publics du lieu de leur résidence.

Projet d'Impôt.

Pour remplir le but proposé, de faire supporter l'impôt dont il s'agit aux riches seulement, il ne faut que déterminer ce qui constitue le luxe : cette détermination s'opère naturellement par l'assiete des besoins ordinaires de la vie.

Il suffit à l'homme d'avoir une habitation simple.

Sa vie doit être sobre, ses mets plus nourrissans que délicats.

Son vêtement propre.

Et son repos ou ses plaisirs dignes du caractère républicain.

A l'égard de l'homme fortuné, ses besoins prennent la forme & se multiplient en raison des moyens qu'il a de les satisfaire. Sous des lambris dorés, un duvet reçoit ses membres amollis par le repos & les jouissances. Ses mêts apprêtés avec tous les soins & les stimulans propres à aiguiser un appétit devenu factice par la satiété, lui sont présentés dans des vases d'or ou d'argent. Enfin, il est traîné impétueusement dans un char élégant par les coursiers les plus agiles.

Tout ce faste, contraire à la simplicité républicaine, insulte aux circonstances, & devient intolérable.

Le respect pour les propriétés ne consiste point à voir complaisamment de pareils Sybarites être tout à fait étrangers aux malheurs de leur patrie, & oublier, dans les plaisirs, que des milliers d'hommes non moins bien organisés qu'eux, périssent en se sacrifiant volontairement pour perpétuer leurs jouissances.

Celui qui a beaucoup perd plus quand tout lui est ravi, que celui qui ne possède rien ou que peu de chose. L'habitude du repos continuel, des jouissances de toute espèce, est tellement contractée chez le riche, qu'une privation totale de ce bien être l'affecteroit douloureusement. Si, pour conserver ce qu'il a, chacun est tenu de résister personnellement à l'invasion, le riche moins qu'un autre peut se soustraire à cette résistance, en raison de ses propriétés.

Or, dans la circonstance actuelle, si ce même riche, pour ne pas cesser de jouir, au lieu de défendre en personne son pays, se fait remplacer, faut-il croire pour cela qu'il ait rempli toutes ses obligations ? Non sans doute. Le remplaçant ne peut être animé du même esprit que le propriétaire. Celui - ci combattra pour la chose avec une toute autre ardeur : ses forces doublées par la volonté de conserver sa fortune, résisteront à celles de deux brigands ; tandis que celui dont les services sont achetés, croyant n'avoir rien de plus précieux à conserver que son existence, fuit lâchement à l'action, ou déserte.

On sent bien que la chose publique doit souffrir avec de pareils défenseurs ; & dès-lors, il devient conséquent, pour arriver à cette sainte égalité, qui doit régler toutes les mesures de salut public ; de faire contribuer de facultés ceux qui ne veulent pas contribuer de leur personne.

Il y a plus ; on ne peut pas dire où s'arrêteront à ce sujet les demandes de la patrie à ces riches égoïstes. Plus ses besoins augmenteront, plus les sacrifices à faire par ces derniers devront être grands & précipités. Enfin, il faut encore admettre la possibilité du cas où leur fortune étant totalement épuisée, ainsi que la ressource du remplacement, ils seront encore réquis de marcher à la défense du territoire.

Ainsi, loin de regarder comme une violation de propriétés l'établissement d'un impôt forcé seulement sur les objets de luxe, le vrai républicain, quoique fortuné, applaudira à ce moyen, quel qu'il soit, si son résultat est évidemment d'alléger le fardeau du pauvre, en le rejettant sur celui qui peut le supporter plus facilement.

La convention nationale pourroit donc décréter ce qui suit :

Sur l'Habitation.

Croisées.

Chaque croisée ou jour percé, tant sur la voie publique, que sur les cours, des 1ers & 2mes étages des maisons composées de trois étages & plus, situées dans l'étendue du département de Paris, payeront annuellement 5 liv.

A l'égard des autres départemens, cette perception aura lieu avec les modifications de localité.

Pareille somme de 5 liv. sera perçue annuellement par chaque croisée de toutes les habitations de la république ayant forme ou titre de maison de plaisance, de campagne & château.

Le luxe dans l'habitation du riche se fait

encore remarquer par les matières employées pour les édifices.

Ces matières ſont : la pierre de taille, le marbre, l'ardoiſe, le plomb & le fer employés aux couvertures.

Ainſi, toute maiſon qui offrira, dans ſa conſtruction, un ou pluſieurs de ces ſignes, payera 5 liv. pour chaque croiſée ou vue de la totalité de l'édifice.

On prélevera en outre à l'entrée de chaque ville :

		Pour chaque voiture attelée de	
		Quatre chevaux & plus.	Trois chevaux & moins.
		₶	
Pierre de taille.	Chargée de pierre de taille. . . .	5	4.
Marbre.	Marbre.	50.	40.
Ardoiſe.	Ardoiſe.	15.	10.

Plomb en table pour couvertures.

Fer en feuilles, *id.*

Les fourniſſeurs de plomb en table & de fer en feuilles, ſeront tenus de déclarer dans le jour les fournitures qui leur ſeront commandées pour des couvertures d'édifices, & de payer ou s'engager à payer, auſſi-tôt après la confection des ouvrages, deux pour cent du prix de ces commandes.

A l'égard de celles de ces matières qui feroient tranſportées par eau, la perception de l'impôt ſe fera par

	BATEAUX DE		
	Première grandeur.	deuxième.	troiſième.
	₶		
Pour la pierre de taille, à raiſon de	150	100	75
Le marbre de...	1500	1000	750
L'ardoiſe de...	300	200	150

Sur les Meubles.

Toutes les glaces, actuellement exiſtantes, ſoit chez les particuliers, ſoit dans les manufactures & chez les marchands, qui excéderont 24 pouces de hauteur ſur 22 de large, paieront dix pour cent du prix de l'excédent. Glaces.

Cette perception s'opérera par $\frac{1}{3}$ de mois en mois, à compter de la vérification qui ſera faite après les déclarations obligatoires de chaque citoyen.

Tout citoyen ſurpris voulant ſe ſouſtraire à cette perception, perdra la totalité de l'objet ſouſtrait dont le produit, déduction faite du droit impoſé, & des frais de vente, tournera au profit du dénonciateur.

A compter du jour de la confection du recensement des glaces existantes, celles qu'on devra couler dans les manufactures seront déclarées. Deux officiers publics, l'un pris au directoire de district, l'autre à la municipalité dans l'étendue de laquelle se trouvera la manufacture, instruits du jour de la fabrication, s'y transporteront pour constater les dimensions des pièces coulées, en dresser procès-verbal qu'ils affirmeront & dont ils adresseront sur-le-champ copie au directeur ou au caissier du bureau central établi à Paris, lequel demeurera chargé du recouvrement de l'imposition qui sera alors de vingt pour cent.

Tout manufacturier de glaces surpris voulant éluder cette loi, sera puni par la perte de l'objet soustrait dont le produit, aux mêmes conditions que ci-devant, tournera au profit du dénonciateur, & en outre d'une amende de 1000 liv. pour la première fois, de 3000 liv. en cas de récidive, & pour la troisième fois de deux années de fers.

Sur l'Habillement.

Il sera perçu, à l'entrée de chaque ville, 200 livres par quintal de draps fins; 400 liv. par quintal d'étoffes ou tissus de soies; 400 *idem*.

Draps fins.

Etoffes de soie.

de soie en bottes ou écrues; par 100 *idem*, de toiles du prix courant de 15 livres l'aune & au-dessus. Soies en botte écrues. Toiles.

Mille livres par quintal de batiste, mousseline, & autres tissus qui ne seroient pas toile. Mousselines, batistes & autres tissus.

Sur les Denrées.

Il sera également perçu à l'entrée de chaque ville :

Deux livres par veau. Veau.

Une livre par mouton. Mouton.

Cinq sous par chaque pièce de gibier ou volaille. Gibier & volaille.

Vingt-cinq livres par chaque pièce de vin de Champagne, Bourgogne & Bordeaux de qualités recherchées; Vins fins.

Cinquante livres par chaque pièce de vin étranger; Vins étrangers.

Deux cents livres par chaque caisse de liqueurs composée de cent pintes. Liqueurs.

Sur les Jouissances recherchées.

Les plaisirs du républicain consistent naturellement dans la promenade, les spectacles nationaux qui nourissent le patriotisme, & dans les amusemens qui fortifient le corps en l'exerçant.

Ceux de l'homme riche ne sont point aussi simples. Il entretient des chevaux de luxe, des équipages brillans & un domestique nombreux.

Ainsi :

Chevaux de luxe. Chaque cheval de luxe sera imposé annuellement à 20 livres.

Chaque cheval surpassant le nombre de quatre paiera aussi annuellement 50 livres.

Voitures de luxe. Chaque voiture de luxe sera taxée à 50 liv. par an, quand le propriétaire sera imposé pour un nombre quelconque de chevaux, & à 100 liv. quand il n'auroit point de chevaux.

Cabriolets. Et, attendu que les chars à deux roues, (vulgairement appelés wiskis ou cabriolets) présentent un faste aussi insultant que dangereux ; chacune de ces voitures paiera annuellement 200 liv. par forme de réparation envers l'humanité, pour les malheurs que leur rapidité n'occasionne que trop souvent.

Domestiques. A l'égard du domestique, une seule tête paiera 10 liv. ; la deuxième tête 20 liv. ; la troisième 40 liv. ; & chacune des autres excédant le nombre de trois, une somme annuelle de 100 liv.

Voitures de louage. Les loueurs de voitures, dites *remises & fiacres*, paieront par chaque cheval, & voiture sans cheval, ou avec cheval, comme les riches propriétaires, afin d'éviter l'abus d'un concert frauduleux entre ces deux classes; & la municipalité leur fixera un prix exigible du citoyen, prix relatif à la perception de cet impôt, & à la valeur mobile des denrées, dont ils ne pourront s'écarter sans être punis d'une amende & par la détention.

Chevaux de louage.

L'argent façonné paiera 15 pour cent de son poids, & sera assujetti à un poinçon indicatif de l'acquit du droit imposé.

Argent façonné.

Toute pièce d'argenterie d'un poids inférieur à 4 gros, ne sera point assujettie à l'impôt.

Les pièces d'or travaillées paieront 25 pour cent de leur poids, & seront poinçonnées.

Or façonné.

Toute pièce d'or pesant au-dessous d'un gros ne paiera point d'impôt.

Cette perception aura lieu dès à présent sur tous les objets de l'espèce mentionnée ci-dessus, existans actuellement dans la république, tant chez les marchands de toute espèce, que chez les particuliers, de qui on recevra seulement les déclarations, sans qu'elles puissent être suivies de vérification, si ce n'est cependant dans le cas d'une dénonciation; & elle s'opérera de mois en mois par tiers, savoir:

à raiſon de 10 pour cent pour l'argent, & de 20 pour cent pour l'or.

Tout citoyen ſurpris à éluder la préſente loi, ſera puni par la ſimple confiſcation de l'objet dont le produit tournera, déduction faite du droit, au profit du dénonciateur.

Bois d'ébéniſterie.

Les bois de ſenteur, d'acajou, d'ébene & autres, qui ſe vendent au poids, vu leur application à des objets de prix & de luxe, paieront 25 liv. par quintal.

Porcelaines & faïences fines.

Les porcelaines & faïences de toute forme, paieront, ſavoir : celles de première qualité 20 pour cent de leur valeur, celles de ſeconde qualité 10 pour cent. La faïence commune n'eſt point impoſée.

Les mêmes prix s'étendront ſur les pièces de criſtaux de toutes formes & eſpèces.

Criſtaux.

A l'égard des porcelaines & criſtaux exiſtans aujourd'hui chez les propriétaires particuliers, leurs déclarations ſuffiront, & ils ne ſeront aſſujettis à la vérification que dans le cas d'une dénonciation, dont le réſultat, en cas d'infraction à la loi, ſeroit le même que pour les glàces. Chez le marchand, la vérification aura lieu ; & ſur la déclaration du prix de chaque objet que fera le propriétaire pour aſſeoir l'impôt, le prépoſé de la nation, afin d'éviter la fraude, aura l'option de prendre les 4 cinquièmes du prix déclaré, lesquels 4 cinquièmes, joints au droit à percevoir, composent l'entier de la valeur de l'objet à vendre.

Le préposé à cette vérification, expert dans cette partie, aura la remise de l'excédent du produit de la vente des objets ainsi pris par lui au compte de la nation, prélevement fait, 1°. du prix payé au marchand, 2°. du droit imposé, 3°. des frais de transport & de vente. Ce préposé seul courra les risques de son inexpérience ou de sa mauvaise expertise. En conséquence, il sera tenu de fournir caution pour exerçer cette place.

Les tableaux dont le prix excédera 100 liv. paieront d'après la division suivante : Tableaux.

1ere classe de 101 l. à 500 l. 5 pour cent.

2me classe de 501 l. à 3000 l. 10 pour cent.

3me classe de 3001 l. à 12000 l. 15 pour cent.

4me classe de 12001 l. & au de là 20 pour cent.

Les déclarations & vérifications auront lieu; & en cas de désobéissance à cette loi de la part du propriétaire, l'objet celé éprouvera le sort indiqué précédemment par rapport aux glaces.

Lors de la vérification qui sera faite par un connoisseur en présence d'un officier de la municipalité voisine du lieu, l'expert pourra s'il le juge à-propos, se saisir de l'objet estimé en remettant au propriétaire la totalité du prix déclaré sans retenue, attendu la nature de l'objet dont le prix est moins déterminé que tout autre; & le produit de la vente qui en sera faite, déduction du prix donné au propriétaire, du montant de l'impôt, & des frais de vente, appartiendra au préposé qui courra tous les risques de son expertise, & fournira caution avant d'entrer en exercice.

Mode de perception.

Par l'article X du projet d'organisation inséré dans notre pétition des 7 & 21 de ce mois, nous avons désigné pour caserne aux éleves artilleurs, les monumens du régime despotique élevés aux barrières de cette ville.

L'économie dans le recouvrement des impositions paroîtroit ici exiger l'application d'une partie de ces élèves.

La perception du droit d'entrée sur les voitures chargées de pierre de taille, de marbre & d'ardoise, ne présentant aucune espèce de difficulté, elle pourroit donc être

confiée

confiée à l'un des élèves du poste désigné par ses supérieurs comme étant le plus sage & le plus instruit. Il en seroit de même pour le droit imposé sur le veau, le mouton & les gibier ou volaille. Chaque semaine cet élève auroit un successeur.

La remise accordée seroit de cinq pour cent sur une recette de 500 livres & au-dessous, de trois pour cent, pour celles qui excéderoient cette même somme de 500 livres; le produit seroit mis en bourse commune & réparti chaque mois entre les élèves comptables de toutes les barrières.

La gestion n'étant composée que de sept jours, l'élève compteroit directement le huitième jour, sans autre délai, à la caisse indiquée ci-après.

Le conducteur de la voiture qui paieroit le droit d'entrée recevroit une quittance de barrière susceptible d'être visée chez le premier commissaire de police devant lequel il passeroit, sous peine de payer dix fois la valeur du droit, s'il étoit arrêté par un inspecteur ambulant sans avoir pris son *visa*. Pour écarter la prétendue cause d'ignorance, la demeure de ce commissaire sera indiquée sur chaque quittance.

Immédiatement après la fin du septième jour de la semaine, chaque commissaire enverra au bureau central de l'impôt un relevé de ce qu'il aura visé par ordre de date & de matières : ces pièces serviront de contrôle pour la recette de l'élève comptable.

Un bureau central sera établi & divisé en trois branches.

La première sera destinée à la perception de l'impôt sur les vues.

La seconde à celle du droit sur les matières d'or & d'argent.

La troisième embrassera tout ce qui n'est pas compris dans les deux branches précédentes.

A chaque barrière, un piquet d'élèves relatif pour le nombre à l'exigence du service sera toujours en état de réquisition. Chaque voiture chargée d'objets imposables arrivant, sera conduite par un élève au bureau central, lieu où la perception se fera. Il sera alors délivré par le receveur général ou particulier de la la division un *duplicata* de la quittance énonçant les quantités & qualités de la matière imposée; l'élève rapportera ce *duplicata* à sa caserne, & à la fin de chaque mois ces pièces serviront de base pour asseoir le *quantum* de la remise accordée à ces élèves pour le salaire de la conduite, afin de ſtimuler efficacement leur ſurveillance.

Cette remiſe pourroit être du centième denier.

Elle composeroit la bourſe commune de ces élèves, & leur aſſureroit un ſort digne d'envie.

Peut-être même ce produit que nous ne pouvons calculer, ſuffiroit il & même au-delà à leur entretien.

Par le développement que nous venons de donner à notre impôt, il eſt facile de juger qu'il ne frappe que ſur le riche, puiſqu'il ne touche en aucune manière aux objets de première néceſſité pour la claſſe la plus nombreuſe des hommes.

Il faut cependant convenir que cet impôt n'atteint pas encore une richeſſe obſcure, une richeſſe concentrée dans les mains d'hommes qui n'ont du républicain que les ſignes extérieurs de la ſobriété.

Nous déſirerions bien les obliger à contribuer, ces hommes qui regrettent pour ainſi-dire les charges de leur exiſtence, & voici on le croit, comment on pourroit y parvenir.

L'état actuel des choſes permet que, pour ne plus avoir à redouter les trahiſons, nous remontions à l'origine des ſociétés ; c'eſt-à-dire que nous nous comparions à une grande famille dont tous les individus s'entre-connoissent.

N'ayant point à rougir de nos actions, si elles ne troublent pas l'ordre de la société, pourquoi dissimulerions-nous nos moyens mutuels d'exister. Lorsque le gouvernement est organisé ; qu'aucune difficulté n'en entrave la marche ; qu'une paix de plusieurs années imprime à ce même gouvernement une unité d'action dérivant du concours volontaire & habituel des hommes qui en ont consenti le mode, la liberté sans-doute peut s'étendre au point que tous les citoyens d'une cité ayent une sorte d'insouciance respective pour leurs actions, parceque l'harmonie administrative n'éprouve aucune déviation. Mais environnés d'ennemis extérieurs, entrelacés même de ceux de l'intérieur qui, masqués habilement au désir des circonstances, ne laissent échapper aucune occasion de nuire à la chose publique, devons nous être plongés dans cette sécurité, dans cette insouciance qui flattent les espérances des contre-révolutionnaires ? Les troubles de toute espèce ; la difficulté d'administrer, le retard apporté dans l'usage des ressorts décrétés pour mieux régir, n'indiquent-ils pas le besoin de nous surveiller réciproquement ?

Aſſurément on ne nous accuſera pas d'être extraordinaires dans nos moyens d'éviter les pièges, lorſque nos ennemis le ſont eux-mêmes dans le mode de les préparer.

Si, comme il n'en faut donc pas douter, les membres d'une famille doivent ſe connoître pour chaſſer de ſon ſein ceux qui ne partageroient pas les mêmes ſentiments de fraternité, il eſt vrai de dire que nous devons imiter cet exemple, puiſque la fraternité eſt une conſéquence du principe d'égalité & d'unité qui ſont les baſes de notre conſtitution.

Et dans cette hypotèſe qu'il faut faire ceſſer promptement en y ſubſtituant la réalité, il conviendroit peut-être d'adopter pour les villes la diviſion des profeſſions en la manière ſuivante.

CLASSE {
D'artiſtes.
De fonctionnaires publics.
De marchands.
D'ouvriers.
De rentiers.

Chacune de ces claſſes ſeroit diſtinguée par un ſigne oſtenſible tel qu'une médaille ronde, ovale, quarrée, triangulaire, oblongue.

Cette médaille feroit en cuivre. D'un côté on graveroit l'emblême de la liberté avec le nom du citoyen qui l'obtiendroit. De l'autre côté feroit gravé le fignalement du citoyen.

Cette médaille certifieroit la réfidence, la non-émigration & l'acquit des impofitions publiques exigibles jufqu'au jour de fon obtention, & les frais en feroient fupportés par la nation.

Elle pourroit enfuite être échangée contre une médaille d'argent & d'or émaillé en partie (1), & devenir ainfi diftinction nationale ; diftinction qui étant périffable avec le citoyen, eft la feule que nous devions admettre.

Cet échange ne s'opereroit que pour témoigner d'une manière marquée que le porteur de cette médaille auroit plus ou moins mérité de la patrie ; on ménageroit fur un des côtés de la médaille la place pour y graver l'action du mérite.

Cette mefure adoptée, il en réfulteroit que l'individu qui ne pourroit obtenir de médaille d'aucune des cinq formes ci-deffus

---

(1) Pour être diftinctive du cuivre.

désignées, seroit susceptible d'être recherché dans ses moyens d'exister.

Incapable d'être artiste, ouvrier, fonctionnaire public, il seroit réduit à se constituer rentier ou marchand, & dès-lors l'impôt supporté par le marchand ou le rentier l'atteindroit.

Nous n'indiquons pas ici les moyens de toucher aux agioteurs de la bourse. Il est à notre connoissance que l'on s'occupe d'un projet tendant à couper racine à cette plante vénéneuse qui infecte le pays de la liberté, & nous nous flattons que les mesures prises à cet égard forceront ces spéculateurs journaliers à se jetter dans une des classes utiles indiquées ci-dessus, s'ils veulent éviter une recherche scrupuleuse & méritée.

Il nous reste maintenant, législateurs, à vous proposer pour dernière mesure d'utilité, d'augmenter le nombre des élèves artilleurs dans le Département de Paris, attendu sa population & les services qui fatiguent le citoyen, sans intéresser essentiellement sa sûreté. Nous entendons parler de la garde des ports marchands. Ce service pourroit être confié à ces jeunes élèves après leur congé dans les troupes de la république; & ils restitueroient à la classe indigente ou peu aisée, un temps destiné au travail que vient de leur enlever encore la réquisition de la gendarmerie pour nos armées.

Le nombre d'élèves, dans cette hypothèse, pourroit alors être plus que doublé, d'après l'examen que nous en avons fait dans les édifices des barrières qui leur serviroient de caserne & de corps-de-garde, conformément à l'article X de notre Pétition du 7 juillet dernier.

Les propositions de toutes les mesures que nous venons d'indiquer, législateurs, peuvent n'être pas très-exactes. La célérité mise à leur rédaction, célérité motivée par les circonstances impérieuses dans lesquelles nous nous rencontrons, n'a pas permis de prendre des données plus conformes aux besoins de la république, & à la possibilité par le contribuable d'acquitter la dette imposée; mais nous croyons fermement que les bases n'ont rien d'offensant pour l'égalité, & encore moins pour la liberté, puisque la liberté individuelle ne pouvant s'établir que par la consolidation de celle des peuples, il est de la plus exacte équité que celui qui a le plus d'intérêt à conserver la chose publique, en raiſon du grand nombre de ſes propriétés perſonnelles, contribue dans une proportion même giganteſque, ſi le cas l'exige, pour la ſûreté de ces mêmes propriétés.

Les défectuoſités au-ſurplus diſparoîtront facilement, lorſqu'il s'agira ſeulement de déterminer l'exécution du plan. Quant à préſent, légiſlateurs, nous penſons que vous ne dérogerez point aux principes par vous établis dans votre déclaration, en décrétant celui de cette contribution; car il eſt de vérité éternelle que toutes les meſures vaſtes peuvent être adoptées pour le ſalut d'une république, lorſque ſur-tout elles ſont de nature à ſoulager la majorité pauvre, par des ſacrifices pour l'éxécution deſquels la minorité exceſſivement riche n'auroit pas dû attendre que la voix impérieuſe du beſoin ſe fît entendre.

Ainſi, légiſlateurs, nous concluons à demander que vous décrétiez, ſéance tenante, le principe que nous venons d'établir, & l'inſertion au bulletin de l'intégralité de notre pétition & projet.

Les Citoyens FOUDRAS & CRÉQUY-MONTMORENCY, *rue Cocatrix, N° 9, en la Cité.*

De l'Imprimerie de Ve HÉRISSANT, rue N, Notre-Dame.

CHAMBRE DES DÉPUTÉS.

OPINION

DE M. ÉMÉRIC-DAVID,

SUR LE PROJET DE LOI

Relatif au Tarif des Douanes,

IMPRIMÉE PAR ORDRE DE LA CHAMBRE.

Séance du 18 novembre 1814.

MESSIEURS,

Je n'ai pas demandé la parole pour discuter l'ensemble du Projet de Loi amendé par votre Commission. Les principes établis par M. le Rapporteur me paraissent sages et incontestables. Sans doute, nous reconnaîtrons tous avec lui, que les douanes, quoiqu'elles puissent former une branche des revenus de l'Etat, doivent être principalement considérées comme un moyen de protéger l'industrie nationale, et suivant les expressions de M. le Rapporteur, comme *des auxiliaires de l'esprit public*. Il est certain, comme il nous l'a dit, que le commerce n'étant qu'un échange, si nous voulons vendre nos marchandises, il faut que nous consentions quelquefois à acheter celles des peuples qui négocient avec nous. Nous ne devons pas oublier enfin cette maxime qu'il a énoncée avec tant de précision, que dans ce qui concerne les douanes, le Législateur marche entre deux écueils :

Le découragement et la ruine de nos fabriques, par la concurrence des marchandises étrangères;

Le découragement de notre industrie et de notre agriculture, par les prohibitions que nous oppose l'étranger (1).

Mais venant à l'application, j'ai cru remarquer quelques articles sur lesquels le tarif projeté est en contradiction avec cette immuable théorie.

---

(1) Rapport, p. 9.

Je m'étais proposé de parler des nankins des Indes.

Ce genre d'étoffes a été prohibé par un Décret impérial du 26 vendémiare an 13, et une seconde fois par le Décret du 5 nivose 1810.

On nous demande aujourd'hui d'en autoriser l'introduction moyennant un droit de 45 centimes par mètre, si le nankin est apporté par des vaisseaux français, et de 50 centimes, s'il est apporté par des vaisseaux étrangers. Dans le premier cas, le droit me paraîtrait trop fort; dans le second, je le croirais trop modéré. Mais je pense que la prohibition illégalement ordonnée par de simples Décrets, mérite quant à présent d'être renouvelée et maintenue.

Le nankin de l'Inde est une toile de coton, et considéré sous ce rapport, si nous voulons favoriser nos filatures et nos manufactures de toiles de coton en général, il doit être prohibé comme toutes les toiles étrangères tissues avec la même matière.

De plus, le nankin de l'Inde est fabriqué par des peuples avec qui nous n'avons, en ce moment, nul commerce direct, et à qui, par conséquent, nous ne livrons pas des marchandises françaises en échange de leurs productions. Nous le recevons presque entièrement par un commerce intermédiaire. Il suit de là que, si nous l'admettons dans nos ports, non seulement nous occasionnons un tort grave à nos propres manufactures, mais encore nous favorisons une marine étrangère, et nous faisons jouir de la plus grande partie du bénéfice des échanges, des commerçans étrangers.

Le droit de 50 centimes serait évidemment insuffisant, attendu que le peuple, qui se trouve aujourd'hui placé entre les Indiens et nous, tient en son pouvoir plus d'un moyen de rabaisser les prix, sans souffrir aucune perte notable, et que, s'il veut nuire à nos manufactures, il ne manquera pas de faire tomber les cours jusqu'à ce que nos fabricans se soient vus forcés d'abandonner des travaux devenus onéreux.

Mais notre honorable Collègue, M. Admyrauld, ayant déjà traité ce sujet, et plusieurs de nos Collègues se proposant encore de vous en entretenir, je passe à d'autres objets dont, au contraire, la prohibition, indirectement prononcée par des droits exorbitans, me paraît impolitique, et en opposition avec les intérêts d'un grand nombre de nos fabriques de différens genres : je veux parler des soudes, des natrons et des cendres de Sicile.

Ces trois matières, qui ont de grands rapports l'une avec l'autre, par leur nature saline et sulfureuse, entrent comme partie essentielle dans la composition du savon : elles forment les deux cinquièmes du tout ; l'huile forme les trois autres cinquièmes.

Elles s'emploient en outre dans la composition du verre, dans la teinture, dans le dégraissage des soies, et dans d'autres fabrications.

La soude naturelle ou végétale nous est fournie par la Sicile, par la Barbarie, la Calabre, la Romagne, et principalement par les villes d'Alicante et de Carthagène ; elle forme une des bases principales de notre commerce avec les Espagnols. Ce commerce si utile à notre industrie, se compose, quant à nos exportations, d'un grand nombre de productions de nos manufactures, de toiles, de rouenneries, de draps, de batistes, de dentelles d'or et d'argent, de bas de soie, de quincailleries et de merceries de toutes sortes.

L'Espagne nous offre peu de retours, sur-tout

depuis que la consommation de ses laines est diminuée par nos mérinos. La soude est de plus en plus nécessaire, pour former l'équivalent des objets manufacturés qu'elle attend de l'industrie française.

Le natron nous est apporté d'Egypte. Nous fournissons à cette province, autrefois le centre des lumières et du commerce du monde, aujourd'hui si ignorante et si reculée dans son industrie, des draps, principalement de ceux du Languedoc; des papiers, des quincailleries, des bonnetteries, des coraux, des galons d'or, des brocards, et d'autres étoffes de soie : elle nous donne en échange des blés, des riz, des gommes, des parfums, des cafés de l'yémen, mais sur-tout des natrons, objet important, attendu que, formant le lest de nos vaisseaux, quand ils reviennent de Damiette ou d'Alexandrie, ils facilitent et multiplient nos opérations. Cette partie de nos chargemens est d'autant plus nécessaire, que l'Egypte, ainsi que l'Espagne, nous offre peu d'objets d'importation; que plusieurs de ces objets, tels que les gommes, les parfums et les autres drogueries, sont d'un petit volume, et qu'en général tous les moyens de retour sont importans avec un pays qui nous doit toujours.

La cendre de Sicile est une soude friable, souvent réduite en petits fragmens et presque en poussière, qui s'échange à un prix fort inférieur à celui de la soude d'Espagne et du natron, et qui, employée aussi dans le savon, concourt à en assurer le bon marché; nous la recevons des Siciliens, en retour des draps, des rouenneries, et principalement des tanneries de nos fabriques.

La belle soude d'Espagne vaut de 18 à 20 fr. le quintal, poid de marc; le natron vaut communément de 10 à 12 fr., quelquefois moins; la cendre de Sicile, de 6 à 8 fr.

Il est une espèce de soude, vulgairement appellée *Bourde*, venant d'Alicante et de Carthagène, qui renferme plus de sel que la soude ordinaire. Cette qualité la rend spécialement propre à donner de la fermeté à la pâte du savon; et par cette raison, elle entre indispensablement dans toute bonne fabrication. Le prix ordinaire en est de 4 à 5 fr. le quintal.

Tous ces objets réunis forment, en tems de paix, dans le port de Marseille seulement, sans compter ce qui arrive par d'autres voies, une importation d'environ 5 millions, en valeur de denrées premières que nous employons nous-mêmes, et que nous payons presqu'en entier avec des produits de nos manufactures.

Il serait difficile de se livrer à un commerce plus lucratif. Les départemens de l'ancienne Provence, ceux du Languedoc, du Dauphiné, du Lyonnais, de la Bretagne, de la Normandie, de la Picardie, en partagent entre eux les benéfices.

L'Assemblée constituante, par son Tarif du 15 mars 1791, qui a servi de base à tous les réglemens subséquens, exempta ces différentes matières de toute espèce de droits. Une Loi du 14 nivose an 5 les a soumises à un simple droit de balance. Le Décret impérial du 11 nivose an 10, rendu pendant notre guerre avec l'Espagne, les a toutes prohibées.

Le Projet de Loi sur les douanes, qui nous a été présenté le 24 septembre dernier, soumet toutes les soudes venant de l'étranger à un droit de 15 fr. par quintal métrique. Votre Commission vous propose en outre d'assimiler les natrons aux soudes, et de frapper ainsi toutes ces matières, quelle qu'en soit la qualité, d'un droit uniforme de 15 fr., ce qui donne environ 7 fr. 50 cent. pour le quintal poids de marc.

La plus belle soude d'Espagne valant au plus

haut prix, dans nos ports, en tems ordinaire, 20 fr.; le natron 12 fr.; la cendre de Sicile 8 fr.; *la bourde* 5 fr.; il résulte que la soude vaudrait, en comprenant la taxe, 27 fr. 50 cent.; le natron 19 fr. 50 cent.; la cendre de Sicile 15 fr. 50 cent.; *la bourde* 12 fr. 50 cent. La soude se trouverait donc renchérie de 30 pour cent, le natron de plus de 62 pour cent, la cendre de Sicile de 90 pour cent, la bourde de 130 pour cent. Des droits si forts équivaudraient à une prohibition.

Quel serait le motif de cette mesure? On n'en peut voir d'autre que le désir de favoriser la fabrication de la soude factice.

Cette savante invention mérite en effet et notre admiration et notre reconnaissance. A l'époque où un système aussi déraisonnable qu'il était audacieux, élevait entre tous les peuples et nous des barrières que la marche seule des armées pouvait renverser; tandis que nos manufactures redoublaient d'efforts pour suffire à nos besoins, et que quelques-unes se faisaient remarquer par des progrès rapides et inespérés, la chimie conçut la profonde pensée de devenir la rivale de la nature, dans la composition de la soude. Le sel marin et le souffre, en se décomposant, produisirent une substance alkaline, qui, associée à une base terreuse, forma un corps semblable à la soude végétale, par ses apparences extérieures, et par la plupart de ses propriétés intrinsèques : le miracle fut presque complet.

On assure toutefois que la soude factice n'est pas employée avec un égal succès dans toutes les fabriques auxquelles convient la soude végétale. On dit notamment qu'elle n'est pas propre à toutes les teintures où doit servir la soude; qu'elle se refuse au dégraissage des soies. C'est dans la fabrication du savon qu'elle se consomme presque en totalité et avec le plus de succès; cependant on lui reproche de donner au savon, lorsqu'il est en fusion, une odeur âcre et fétide; on croit aussi qu'elle corrode le linge; il paraît constant du moins qu'elle ne peut pas remplacer cette matière essentiellement saline, appelée *bourde*, qui a la propriété particulière de raffermir la pâte et d'en prévenir par là la décomposition.

Quoiqu'il en soit, cette soude factice supplée depuis quelques années la soude végétale, dans un grand nombre de nos fabriques de savon. Personne, par conséquent, ne peut avoir la pensée de repousser une conquête si honorable et si utile; mais nous convient-il de prohiber la soude végétale pour favoriser exclusivement la soude factice? Ne vaut-il pas mieux, au contraire, laisser à toutes deux un libre cours, et permettre aux prix de se régler d'eux-mêmes, d'aprés les qualités de l'une et de l'autre, qui seront de jour en jour mieux appréciées? Telle est la question que nous avons à décider.

Voici les aperçus qui me paraissent propres à éclairer notre détermination.

Je viens de dire que la meilleure soude végétale vaut, dans nos ports, en tems ordinaire, de 18 à 20 fr. le quintal, poids de marc. On l'a quelquefois obtenue de 15 à 16. La soude factice s'est vendue pendant la guerre, soit à cause de la cherté du soufre, soit par sa propre rareté, ou par l'effet d'un monopole inévitable, jusqu'à 115 fr. même poids; on l'a ensuite livrée à 16 fr.; elle en vaut aujourd'hui de 24 à 25.

Si ce dernier taux de 24 ou 25 francs, en représentait la valeur réelle, et en formait parconséquent le prix nécessaire, sans doute il conviendrait peu de favoriser la soude factice, au détriment de la la soude végétale, que nous obtenons à 18 ou 20 francs, puisque ce renchérissement nuirait et à nos manufactures de savon, et à nos verreries, et en général à tous les consommateurs: il conviendrait peu d'opposer des obstacles à l'importation de la soude végétale et du natron, puisque nous diminuerions par là, en égale proportion, l'exportation des ouvrages manufacturés que nous donnons en échange.

C'est vraisemblablement ce prix accidentel de 25 francs, qui a servi de base aux auteurs du Projet de Loi.

Mais des commerçans expérimentés assurent que le prix de fabrication de la soude factice ne s'élève pas au dessus de 8 à 9 francs le quintal, petit poids, ou de 10 francs 50 centimes à 11 francs environ, poids de marc; et que cette matière peut ainsi être vendue avec un bénéfice très-raisonnable, de 14 à 15 fr., et même au dessous. Je puis citer, à ce sujet, Messieurs les Membres de la Chambre du commerce de Marseille, qui ont affirmé ce fait dans un mémoire, daté du 25 octobre dernier, et adressé à M. le Directeur général du commerce.

Or, si en tems ordinaire, et en supposant le soufre au prix de 4 à 5 francs le quintal, la soude factice peut être vendue à 14 ou 15 francs; qu'est-ce qu'une taxe de 15 francs par quintal métrique, ou de 7 francs 50 centimes poids de marc, sinon une prohibition prononcée contre les soudes étrangères, et un privilége exclusif accordé aux soudes factices?

Dans les deux cas, les réflexions se présentent en foule.

Devons-nous favoriser la fabrication de la soude factice, au dépens de la fabrication de nos draps, de nos toiles, de nos papiers, de nos rouenneries, de nos tanneries, de nos merceries, de nos batistes, de nos étoffes de soie?

La fabrication de la soude se concentre sur quelques points d'un petit nombre de départemens. Peu de bras suffisent à la formation d'une grande quantité de matière. Peut-être ce travail n'occupe-t-il pas, dans toute la France, six cents ouvriers.

La fabrication de nos draps, de nos toiles, de nos cuirs, de nos étoffes, de notre quincaillerie, alimente d'innombrables ateliers sur toute la surface du Royaume.

Cinq millions d'importation de soude et de natron, et 4 ou 5 millions d'exportation de nos ouvrages manufacturés représentent une somme de salaires et de bénéfices, qui se répartit sur un nombre infini de fabricans, d'ouvriers, de voituriers, de matelots, de commerçans.

Comment donc pourrait-il y avoir parité entre les avantages que nous présente la fabrication de la soude, et ceux que nous assurent tant de grandes manufactures si bien accréditées, un commerce maritime si ancien ?

Il est d'autres considérations non moins importantes.

Si nous n'achetons pas les soudes de l'Espagne, de la Sicile, de la Calabre, que deviendront-elles? Les peuples qui les récoltent sont ceux précisément qui recueillent l'huile en plus grande abondance. Si jusqu'à présent il a pu leur convenir de nous abandonner leurs denrées, et de nous laisser fabriquer le savon, n'est-il pas à craindre que, forcés d'employer leurs soudes, ils ne se livrent eux-mêmes à cette fabrication? D'autres peuples, nos rivaux, ne s'empresseront-ils pas de profiter aussi de notre erreur? N'achèteront-ils pas ces soudes, et ne sommes-nous pas exposés à perdre cette fabrication des savons, où nous avons excellé jusqu'à présent, et qui forme dans l'Europe, depuis si longtems, notre patrimoine presque exclusif?

N'avons-nous pas d'ailleurs à craindre des représailles de la part des puissances de qui nous prohiberons imprudemment les denrées? Tous les peuples sont maintenant trop éclairés pour qu'il ne s'établisse pas entre leurs tarifs une juste balance.

Une taxe occasionne une taxe; une prohibition amène une prohibition.

On m'objectera peut-être, quant à la vente de nos savons dans l'étranger, que Marseille, où sont placées nos principales fabriques, jouissant d'une pleine franchise pour ces exportations, cette partie de notre commerce ne souffrirait point.

Voici, Messieurs, quelle est, à cet égard, la position de la ville de Marseille, et quelle est la position de notre commerce considéré en général.

Les fabriques de Marseille donnent, en tems de paix, environ 500 mille quintaux de savon par année. Le capital employé à cette fabrication, est de 40 millions de francs. L'importation de ces savons, dans l'intérieur de la France, est de cinq sixièmes du tout; l'exportation pour l'Allemagne, la Suisse, la Hollande et la mer Baltique, d'environ un sixième.

Il est évident, d'après cela, que si, par l'établissement d'un droit de 7 fr. 50 centimes, nous obligeons le fabricant à donner la préférence aux soudes factices pour les savons consommés dans l'intérieur de la France, et si nous réduisons ainsi l'emploi des soudes végétales aux savons exportés à l'étranger, l'importation des soudes végétales et des natrons, se trouvera diminuée de cinq sixièmes; et que, par conséquent, l'exportation de nos objets manufacturés en Espagne, en Sicile, en Egypte, devra aussi diminuer de cinq sixièmes ou du moins d'une très-forte partie de ce total.

Que si quelque fabricant imprudent portait au dehors des savons fabriqués avec de la soude factice, soit préjugé de la part des peuples, soit effet d'une ancienne habitude, il est plus que vraisemblable que l'antique réputation *du savon de Marseille* en serait altérée, et que cette branche de commerce nous échapperait.

Il ne faut, en général, ni essayer de changer les habitudes du commerce, ni tenter de faire violence à l'opinion.

Mais je dois ici laisser parler messieurs les Membres de la Chambre du commerce de Marseille.

« Le droit de 15 fr. sur les soudes, » disent ces » commerçans éclairés, dans le Mémoire dont je » viens de faire mention, mettrait la plupart des » fabricans de savons dans l'impossibilité d'en » acheter; ils seraient donc contraints de n'em- » ployer que des soudes factices......

» De là s'en suivrait bientôt la perte pour la
» France de cette riche fabrication, ainsi que celle
» du commerce qu'elle alimente. Les Siciliens et
» les Espagnols ont déjà construit chez eux des
» fabriques à savon : possesseurs des plus belles
» soudes naturelles, ne trouvant plus à les placer
» eu France, ils les emploieront dans leurs fa-
» briques, il en bâtiront de nouvelles, et la France
» sera peut-être un jour réduite à acheter de ces
étrangers le savon qu'elle leur fournissait......

» Les savons d'Espagne que l'on saura composés
» seulement avec de la soude végétale, seront pré-
» férés par les consommateurs.......

» A ces inconvéniens, qui seront la suite inévi-
» table de la proscription des soudes naturelles, il
» faut joindre ceux qu'elle produit déjà relative-
» ment à la marine et à la navigation.....

» La soude est d'un grand encombrement; le
» transport occupait plusieurs navires et un grand
» nombre de matelots.

» Les uns et les autres seront dans l'inacti-
» vité.........

» La cessation de ce commerce porterait un
» dommage très-grave à la navigation, en dimi-
» nuant le nombre de nos navires, de nos marins

» et de nos matelots, parce qu'elle leur ôterait un » moyen d'emploi et de bénéfices.......

« Et pourquoi, dans quelle vue la France vou» drait-elle courir tous ces dangers?.....

« Les fabricans de soude sont venus, dit-on, au » secours de la savonnerie, à une époque où elle » était destituée de soudes végétales; serait-il » juste qu'ils fussent aujourd'hui victimes de leurs » efforts?.....

» Ils en ont été, ils en sont encore amplement » dédommagés par le haut prix auquel ils vendent » les soudes qu'ils fabriquent.....

» A peine leur coûtent-elles 8 à 9 fr. le quintal, » et depuis huit mois ils les vendent 20 fr. (1) »

Je pourrais ajouter, Messieurs, relativement à l'intérêt particulier de la ville de Marseille, que, dans le système de la franchise de son port, la différence établie entre les soudes étrangères qui supporteraient un droit de 15 fr. par quintal métrique, et les soudes factices qui n'en devraient aucun, donnant un avantage immense aux fabriques établies en deçà de la barrières des

(1) Petit poids ou poids *de table*, ce qui donne 24 ou 25 fr. pour le poids de marc.

douanes, celles de Marseille, ne pourraient plus soutenir la concurrence ; et que par l'émigration qui ne manquerait pas de s'opérer, cette ville perdrait une partie considérable de sa population, de ses capitaux, et de son industrie. Mais ce n'est ici qu'un déplacement de richesses : des considérations plus générales doivent nous déterminer (1).

Que vais-je enfin, Messieurs, vous proposer ? Ai-je la pensée de gêner en rien, la fabrication de la soude factice ? A Dieu ne plaise.

Mais s'il fut jamais une occasion d'appliquer ces maximes : « Ne contrariez pas la marche du » commerce ; laissez faire, laissez passer », c'est sans doute celle-ci.

D'une part, une industrie nouvelle qu'il ne faut pas décourager ; de l'autre, des habitudes anciennes et utiles, qu'il ne faut pas chercher à rompre, des profits assurés qu'il ne faut pas compromettre.

Rien donc ne doit paraître plus sage que de

(1) Je parle pour le plus grand intérêt de tous les fabricans de Marseille, comme pour l'intérêt général de leur ville.

garantir et à la soude naturelle, et à la soude factice, une égale franchise, une libre concurrence.

Je vous prie, Messieurs, de ne pas oublier que ni la soude, ni le natron ne furent jamais soumis à aucun droit, si ce n'est au droit de balance. La taxe qu'on nous propose d'établir, est une nouveauté. En la rejetant, nous ne diminuerons en rien l'ancien revenu du Trésor.

Que les prix de la soude factice se soutiennent entre 15 et 20 francs, comme ils l'ont fait pendant plus d'une année, ce taux doit sans doute satisfaire les fabricans actuels : or, une libre concurrence ne saurait les priver de cet avantage, puisque le cours ordinaire de la soude végétale est entre 18 et 20 francs, et que le plus bas prix serait de 15 ou 16.

S'il était vrai que la soude factice ne pût être fabriquée avec profit qu'au prix de 25 francs, tandis que la soude naturelle se vend de 18 à 20 ; pourquoi imposer à nos fabricans de savons, à nos fabricans de verre, à tous les consommateurs, une surcharge si considérable ?

Si, au contraire, la soude factice peut se vendre, comme on l'assure, au prix de 14 ou 15 francs ;

pourquoi livrer aux entrepreneurs de cette fabrication un monopole si lucratif?

Un droit de 7 francs 50 centimes qui porterait la soude végétale à 25 ou 27 francs, pourrait aussi élever le prix de la soude facsice à 24, 25, 27 fr. Devons-nous favoriser un tel renchérissement?

Ce droit de 7 francs 50 centimes, en prohibant dans la réalité la soude naturelle, serait peu profitable au Trésor.

Quant aux qualités intrinsèques de la soude artificielle, cette matière égale-t-elle la soude végétale? Il suffit que les opinions soient partagées sur ce point, pour que nous devions nous abstenir de prononcer. Fussions-nous convaincus que l'art s'est élevé ici au même degré que la nature, il serait encore imprudent de fonder une Loi sur une démonstration qui nous paraîtrait complette. Il faut que les consommateurs, il faut que le tems en décident. La confiance ne se commande pas. Si la soude artificielle égale véritablement par ses qualités la soude végétale, elle sera bientôt préférée même à prix égal, parce qu'il sera plus facile de se la procurer.

Enfin, Messieurs, nous possédons une fabrication de savon, antique et bien fâmée; nous ne devons donc pas en compromettre la réputation et l'existence par une révolution subite et dans les prix et dans la qualité, du moins suivant l'opinion.

Gêner le fabricant dans le choix de la matière première, ce serait commettre une mesure très-dangereuse.

Nous jouissons d'un commerce d'exportation de 4 ou 5 millions de fr., très-lucratif, bien assuré, réciproquement utile aux peuples avec qui nous l'exerçons, et à nos propres manufacturiers : il serait donc plus qu'imprudent de hasarder de si grands bénéfices. Conservons le certain. La régle, à cet égard, doit être la même pour un commerçant et pour un peuple qui veut prospérer par le commerce.

Ces motifs me paraissent péremptoires.

Par une double application des mêmes principes, je conclus :

1°. A ce que les nankins de l'Inde demeurent prohibés ;

2°. A ce que l'article du Projet, où il est dit que les soudes, les natrons et les cendres de Sicile paieront un droit de 15 fr. par quintal métrique, soit remplacé par celui-ci :

« Les soudes, les natrons et les cendres de Si-
» cile ne sont soumis qu'à un droit de balance. »

Il est bien entendu que les soudes factices étrangères demeureraient prohibées.

Je voulais aussi, Messieurs, vous parler des vins d'Alicante et de Bénicarle. Je demande que ces vins puissent être reçus à Marseille. Je me réserve de présenter les motifs de cet amendement à ce sujet, lorsque nous discuterons le Projet de Loi article par article.

HACQUART, Imprimeur de la Chambre des Députés, rue Gît-le-Cœur, n. 8.

CHAMBRE DES DÉPUTÉS.

OPINION

DE M. ÉMÉRIC-DAVID,

DÉPUTÉ DES BOUCHES-DU-RHÔNE,

SUR

LE PROJET DE LOI

Relatif au Rétablissement de la franchise du port de Marseille;

IMPRIMÉE PAR ORDRE DE LA CHAMBRE.

Séance du 5 décembre 1814.

MESSIEURS,

Si la mesure qu'on nous propose n'avait pour objet que l'avantage particulier de la ville de Marseille; si l'intérêt de cette ville était contraire à la prospérité de l'Etat; ni la célébrité de la docte émule d'Athènes, de la digne sœur de Rome; ni le souvenir des services qu'elle a rendus, soit aux anciennes Gaules, soit à l'empire des Francs, dans l'antiquité, dans le moyen âge, dans les tems modernes; ni la détresse où elle est réduite depuis plus de vingt années, ne pourraient sans doute nous faire oublier que toutes nos villes sont soumises aux mêmes obligations, et qu'elles ont des droits égaux. Mais aussi devons-nous être persuadés que le Roi n'aurait point exercé son initiative dans le Projet qui nous est présenté, si l'institution qu'il s'agit de faire revivre n'avait pour objet qu'un intérêt particulier, et si elle pouvait être regardée comme un privilège.

Comment le cœur du Roi ne serait-il pas ému au tableau des malheurs d'une ville, qui fut longtems un des ornemens de l'Europe, lorsque Sa Majesté a reconnu, dans la ruine de cette ville, la cause du dépérissement de tant de manufactures que le commerce maritime alimentait autrefois dans l'intérieur du Royaume, et, par conséquent, celle de la misère d'une multitude innombrable de ses enfans?

L'affranchissement du port de Marseille nous est

commandé par la nécessité de rétablir nos anciennes relations avec l'Espagne, l'Egypte, la Grèce, la Syrie; par les besoins d'un commerce dont notre principale ville de la Méditerranée est l'agent nécessaire.

La prospérité de Marseille sera toujours un des signes les plus certains de la prospérité de l'Etat.

Malgré ce qui nous a été dit d'éloquent et de décisif, comme je n'ai obtenu la parole qu'après plusieurs Orateurs qui ont successivement attaqué le Projet de Loi, permettez, Messieurs, que, pour ne laisser subsister aucun doute, je remonte à quelques idées générales sur la franchise des ports. Je considérerai ensuite particulièrement la nature et l'état actuel de notre commerce d'Orient.

J'honore trop les Collègues dont l'opinion diffère de la mienne, pour négliger de répondre à la moindre de leurs objections.

Depuis quelques années, de perfides insinuations tendaient à nous persuader que la France, riche par son territoire, indépendante par son industrie, devait s'interdire toute spéculation profitable à l'étranger, et briser avec tous les Peuples des liens commerciaux, qui pouvaient devenir contraires aux intérêts de sa politique.

Ce système qui, en paraissant motiver la prolongation des guerres, portait la mort au sein de nos villes commerçantes, avait produit un autre effet non moins désastreux. Comme un Peuple agricole et manufacturier peut d'autant moins se priver d'un commerce extérieur, qu'il éprouve davantage le besoin des échanges, et comme d'ailleurs, en augmentant la consommation, la guerre aggrave de plus en plus cette nécessité, le Gouvernement qui, au milieu de l'anéantissement des fortunes particulières, pouvait seul mettre en mouvement des fonds considérables, avait, par un renversement ruineux même pour lui, succédé au commerce de ces villes autrefois si florissantes. Soit par ses spéculations directes, soit par les primes qui lui étaient réservées dans les permissions de négocier, appelées des *licences*, il s'appropriait des bénéfices, qui, distribués sur tout le Royaume, auraient répandu l'aisance et le bonheur jusque dans nos campagnes. La France n'avait plus d'amis sur les mers; elle n'y reconnaissait même plus de neutres. Un morne silence régnait dans nos ports. Rien ne suivait une marche naturelle.

Manifestant aujourd'hui nos véritables sentimens, nous reconnaissons que les besoins particuliers à chaque Peuple, en les invitant à des échanges fraternels, les convient tous à la paix et à l'amitié. Nous aurions appris par nos pertes, si auparavant nos succès ne nous l'eussent enseigné, que les liens du commerce, pour être solides et durables, doivent offrir aux Nations alliées des avantages réciproques. Loin de vouloir soumettre les Peuples qui recherchent notre alliance, à un commerce purement passif, nous leur ouvrirons nos ports; nous y respecterons leurs usages, leurs intérêts, leur liberté. Sans renoncer ni aux taxes, ni aux prohibitions qui garantissent la consommation des produits de nos manufactures dans l'intérieur, nous faciliterons les échanges, soit des étrangers avec nous, soit des étrangers entr'eux, à l'effet d'assurer et d'accroître le débit, tant de nos ouvrages manufacturés, que des productions de notre sol. Nous n'oublierons pas enfin, qu'il importe au succès de nos manufactures, que nous soyions, non seulement manufacturiers, mais encore marins et commerçans, et que le commerce maritime est aussi une des grandes bases de la richesse publique.

Tels sont les principes sur lesquels le Projet de Loi me paraît fondé, et dont je voudrais rendre le développement clair et convaincant.

Lorsque, pendant les désordres du moyen âge,

les Souverains commencèrent à reconnaître que les droits établis sur le transport et la vente des marchandises, n'avaient pas moins contribué que les guerres à l'anéantissement du commerce; lorsqu'ils voulurent augmenter la consommation de leurs denrées, en faciliter l'exportation, en élever les prix, et appeler aussi dans leurs Etats des marchands étrangers, qui leur vendissent de ces bijoux précieux, de ces toiles peintes, de ces robes de soie, dont un luxe coûteux leur faisait un besoin, associant une institution commerciale à une solennité religieuse, ils publièrent qu'à de certains jours, marqués par la fête de tel ou tel patron de la cité, un marché libre serait ouvert : point de péage, ni sur les chemins ni sur les rivières; point de droits d'entrée; pleine liberté pour les personnes, comme pour les choses.

Ces marchés, où l'attrait du plaisir, la dévotion, l'intérêt, et sur-tout l'exemption de tous les droits imposés par une cupidité aveugle, appelaient les habitans des contrées les plus éloignées, devinrent bientôt le centre d'un assez grand commerce.

Déjà, au commencement du sixième siècle, suivant une chronique dont la fidélité est plus que vraisemblable, la foire franche de Saint-Denis, appelée *la Foire de l'Indiet*, était le rendez-vous des marchands de toutes les provinces françaises, de ceux de l'Allemagne et des autres contrées du Nord.

Le célèbre marché de Beaucaire, fondé cinq cents ans plus tard, devint, dans le onzième siècle, comme il l'est encore aujourd'hui, un sujet d'émulation et une cause de prospérité pour nos provinces méridionales. Par un effet de l'heureuse position de cette ville et de la liberté dont le commerce y jouit, on y vit arriver des marchands de toutes les parties de la France, des bords du Rhin, de l'Espagne, de la Grèce et de l'Italie.

Telles furent aussi les foires franches de Champagne et de Brie, rétablies par Philippe de Valois, en 1349, *dans toutes leurs franchises et libertés, pour le bien et profit commun de tous pays*, disait ce Prince, *tant de notre Royaume comme dehors. Toute compagnie de marchands, et aussi les marchands singuliers, Italiens, Oultremontains, Florentins, Milanois, Lucquois, Genevois, Vénitiens, Allemands, Provençals, et d'autres pays purent y avoir des demeurances, eux et leurs facteurs, y venir, demeurer, retourner en sauf-conduit.*

Telles furent encore les foires de Lyon, fondées

au nombre de deux par année, en 1419, et portées à quatre en 1462, *pour tous marchands*, suivant les expressions des Lettres patentes, *de quelque état, nation, et condition qu'ils soient.* Les marchandises durent aussi *y être amenées, vendues, ou déchargées, et s'en pouvoir aller, pleinement et sûrement*, franches *de tous aides, impôts, tailles, coutumes, maltotes, et autres impositions mises et à mettre.*

Telles furent enfin les foires franches de Bordeaux, fondées par Charles VII, et maintenues dans toutes leurs franchises par Charles IX.

Nous serions injustes envers nos anciens Rois, si, quelqu'imparfaites que fussent ces institutions, nous en méconnaissions l'utilité.

Est-ce pour l'avantage particulier de Saint-Denis, de Beaucaire, de Lyon, de Bordeaux, que ces marchés y furent établis? Non, sans doute; c'est, quant à la ville de Lyon, suivant les expressions de Louis XI, en considération de ce que cette ville *est marchissant ès pays de Savoie, Dauphiné, Italie, Allemagne, Bourgogne, Languedoc.* Je pourrais rapporter des motifs semblables à l'égard de toutes les institutions du même genre.

Sous l'exemption d'une multitude de droits, dont les noms mêmes sont à demi barbares, la Saxe apportait à Saint-Denis, du fer, du plomb, de l'étain, que lui fournissaient des contrées plus septentrionales; la Frize y apportait des draps; la Neustrie, l'Armorique y vendaient des miels et des toiles; Orléans, Bordeaux, Dijon, des vins, du suif, de la cire; Marseille, l'Italie, la Grèce, les marchandises les plus recherchées de l'Egypte et de l'Orient, des toiles peintes, des étoffes de soie, des pierres précieuses, des perles, des tapis, des tentures.

Un si grand rassemblement de marchands et de marchandises, formé au voisinage de la capitale, réveilla le génie français, ranima le goût, créa de nouveaux besoins, multiplia les ventes et les achats, augmenta la consommation, força la circulation du numéraire, et par conséquent encouragea l'industrie.

Réunis auprès de ce temple, qui fut depuis consacré à la sépulture de nos Rois, et que tous les arts étaient alors chargés de décorer, les fabricans et les commerçans de la Belgique, de la Neustrie, de l'Aquitaine, de la Provence, se communiquaient mutuellement leurs lumières, se faisaient de nouvelles demandes, acquittaient d'anciens engagemens, se promettaient réciproquement, ou s'avançaient de nouveaux fonds. Les rapports se multipliaient, les liaisons devenaient plus intimes.

Le commerce n'étant qu'un système d'échange, et ne pouvant s'opérer en grand que par le concours d'une foule de traités particuliers, et de travaux subordonnés les uns aux autres, le bien qui s'opérait à Saint-Denis, se reportait sur la France entière. Loin que les ventes opérées dans ce marché général diminuassent celles de Lyon, d'Orléans, de Bordeaux, elles les augmentaient. Saint-Denis correspondit avec le Lyonnais, le Lyonnais avec la Provence, la Provence avec la Grèce. Par-tout où l'on fabriquait du fer, où l'on fondait l'étain, où l'on tissait des toiles, où l'on récoltait des miels, où l'on brodait des étoffes, dont le marché de Saint-Denis facilita et augmenta la vente, cet établissement devint un bienfait. L'impulsion se fit sentir jusque dans l'Egypte et dans la Syrie.

La jouissance du marché de Saint-Denis n'était pas plus un privilége pour cette ville, que ce n'était un privilége pour l'Armorique d'y apporter ses toiles, pour Bordeaux d'y vendre ses vins, pour le Languedoc ses laines.

Un privilége est une exception qui dispense un particulier ou un pays d'une obligation imposée à tous les autres. L'établissement d'un marché n'est pas plus un privilége, que le voisinage d'un grand chemin, la protection d'une forteresse, la participation aux eaux d'un canal ne sont des priviléges pour les villes les plus à portée d'en retirer quelque avantage.

La franchise des foires de Saint-Denis, de Lyon, de Beaucaire, était instituée pour quiconque en voulait profiter.

Quant aux contributions, nous ne croirons pas, sans doute, que le jeune Charles VI, et les Conseillers avides qui le dirigeaient, ce Charles VI, dont le règne fut si fatal aux peuples par les impôts arbitraires dont il les surchargea, que Philippe-de-Valois, Charles VIII, Charles IX, eussent accordé aux marchés de Champagne, de Lyon, et à tous les autres, de pleines franchises, si l'expérience n'eût manifesté les bons effets d'une semblable institution. Il fut apparemment démontré pour ces Princes, comme dans la suite pour Colbert, que plus l'affluence des commerçans dans un grand marché, était considérable, que plus les manufactures étaient occupées, que plus il existait de mouvement dans la circulation des denrées et du numéraire, plus aussi la levée des taxes générales devenait abondante et facile.

Ils durent reconnaître que les perceptions auxquelles ils renonçaient dans les péages et les douanes, étaient avantageusement remplacées par des droits moins importuns aux contribuables ; que les immeubles acquéraient une nouvelle valeur ; que la population s'augmentait, et, en un mot, que l'accroissement de la richesse générale produisait naturellement une augmentation dans la masse des impôts.

L'application se fait d'elle-même.

Un port franc est dans des siècles de lumières, ce qu'une foire franche était dans des tems d'ignorance et de confusion.

Un port franc, est une foire franche, ouverte tous les jours. La franchise est fondée sur des principes de liberté chers à tous les peuples.

Tant que la France fut hérissée de châteaux forts et de barricades, il fut nécessaire d'instituer des foires franches : tant que nous conserverons des douanes, et que nous aurons intérêt à appeler des commerçans étrangers dans nos marchés maritimes, il sera indispensable d'accorder des immunités à ces marchés et aux étrangers qui les fréquentent, c'est-à-dire, d'établir ou de maintenir des ports francs.

Ainsi, quoiqu'il y ait quelque différence entre

ces deux genres d'institution, l'expérience de nos pères peut encore ici nous éclairer.

Quand Louis XIV rétablit l'ancienne franchise du port de Marseille, nos manufactures étaient dans l'enfance, nos antiques relations avec les peuples de Lorient presque oubliées; notre commerce était anéanti.

Colbert estima qu'en excitant l'émulation des manufactures, en leur prêtant des fonds, il fallait encore, d'une part, assurer le placement de leurs ouvrages dans le Levant par des capitulations avec la Porte et les princes Barbaresques; de l'autre, instituer un marché, où les commerçans de toutes les nations vinssent acheter nos propres marchandises, et celles que nous nous aurions apportées de la Grèce et de l'Asie.

Il reconnut aussi qu'il fallait attirer ces commerçans, par la jouissance d'une pleine liberté et par l'espoir d'un bénéfice.

Quatre principes essentiels constituèrent la franchise :

Exemptions de tous droits, tant à l'entrée qu'à la sortie;

Faculté de débarquer, d'emmagasiner, de vendre, d'échanger, sans aucune sorte de gêne;

Faculté aux étrangers, de former des établissemens dans les ports francs, d'y recevoir et d'en expédier des cargaisons, en franchises, tant de marchandises nationales que de marchandises étrangères;

Autorisation de ne payer des droits que lorsque les marchandises passent du territoire du port franc, aux bureaux placés entre ce territoire et l'intérieur du pays.

Quelle dut être l'admiration de l'Europe, lorsqu'elle entendit Louis XIV, dans ce préambule si noble et si digne de lui, placé à la tête de l'un des Edits où il proclamait ces principes, déclarer que *le commerce, est le moyen le plus propre pour concilier les différentes Nations, et entretenir les esprits les plus opposés dans une bonne et mutuelle correspondance;* lorsqu'elle l'entendit inviter les commerçans de son Royaume, *à le porter jusqu'aux Nations les plus éloignées, pour y établir par-tout, aussi bien en paix comme en guerre, la réputation du nom Français!*

A peine cette franchise eût-elle été rétablie, que notre situation commerciale changea totalement. Une nouvelle activité dans nos manufactures, un prompt accroissement dans nos ventes, de grands bénéfices répandus dans nos ports, notre marine marchande développant chaque jour de nouveaux moyens : tels furent les effets de cette grande mesure.

J'appuyerai bientôt ces faits de preuves positives. Suivons encore quelques idées générales.

En appelant sur un point quelconque un grand nombre de commerçans étrangers, et une grande quantité de marchandises de tout genre, en faisant naître une nombreuse population, la franchise d'un port ne produisait-elle d'autre effet que de créer une cité opulente dans des lieux où le territoire ne suffirait pas pour l'alimenter, comme par exemple, Livourne dans des marais, Marseille sur un plateau étroit et stérile; déjà, un tel accroissement de richesses ne serait-il pas d'une haute importance pour l'empire à qui cette ville appartient?

Ces bénéfices qu'on affecte quelquefois de mépriser, ces bénéfices de commission, de courtages, d'emmagasinage, de transit, de transport par terre et par eau, que la franchise multiplie à l'infini, ne forment-ils pas une des branches les plus importantes des profits commerciaux? Ces bénéfices sont de tous ceux que présente le commerce, les plus nets, les moins hasardeux, ceux qui se distribuent sur un plus grand nombre de personnes : ils se portent par-tout où parvient le cabotage, par-tout où pénètrent les rouliers.

La franchise ne favorise pas moins le commerce de spéculation, soit qu'il s'opère du dehors à l'intérieur, soit qu'il s'exerce de l'étranger à l'étranger. Elle le sert d'autant mieux notamment, sous ce dernier rapport, que le commerçant étranger vient lui-même acheter ou vendre sur le marché où le spéculateur tient son comptoir. Or, ici encore tout est profit, puisque l'opération a lieu, sur une denrée étrangère, par la seule intervention du numéraire ou du crédit. Le bénéfice qui provient de ce commerce, est dans son entier une addition à la richesse nationale.

Une foire, avons-nous dit, multiplie les ventes, et favorise l'industrie de tous les pays environnans. Que sera-ce donc d'un de ces grands marchés, où se rendent les facteurs de tous les pays commerçans du monde ? Les ventes n'y seront-elles pas d'autant plus considérables, que les acheteurs y seront plus nombreux ? Et s'il s'y débite des productions de l'agriculture et des manufactures étrangères, ne faudra-t-il pas qu'il s'y vende une quantité bien plus considérable encore de denrées et d'ouvrages du pays, puisque c'est là le fonds capital des magasins de ce marché, et le principal objet qui appelle les commerçans du dehors ?

Deux considérations bien faibles à mes yeux alarment les antagonistes des franchises : l'une est la crainte de la concurrence qui doit s'établir entre les produits de nos manufactures, et les ouvrages manufacturés de l'étranger ; l'autre est la peur de l'introduction frauduleuse des marchandises étrangères dans l'intérieur.

Il y a dans ces deux idées exagération et erreur en fait.

Il faut d'abord considérer que le choix de l'étranger entre nos manufactures et celles de nos concurrens, ne dépend de nous que par les progrès de nos manufacturiers. La consommation se trouve naturellement limitée par le goût et les habitudes des consommateurs. Nous pouvons accroître, jusqu'à un certain point, notre débit, en recevant des marchandises étrangères dans nos échanges, en multipliant les viremens : c'est-là un des grands avantages des franchises. Mais, soit que le marché s'établisse à Constantinople, à Marseille, à Hambourg, le consommateur qui préfère des marchandises étrangères aux nôtres, n'achètera pas celles-ci. Le placement en sera plus considérable pour la généralité de la France, avec des ports francs, que sans secours, par la raison qu'une plus grande masse d'affaires offre plus d'occasions et plus de ressources : voilà tout ce qu'il y a de certain.

Quant à la possibilité de la contrebande, aurait-on oublié que les marchandises prohibées par des Lois générales, sont prohibées dans un port franc comme dans toutes les autres parties du Royaume?

Telles étaient, du moins à Marseille, sauf des exceptions indispensables, établies en faveur du commerce du Levant, les règles consacrées par les Edits de 1669 et de 1703.

Mais, de plus, une ville dont le port est franc, étant, quant à la manière de la surveiller au dehors, réputée ville étrangère, et la ligne des douanes se trouvant établie en deçà, il n'est pas plus difficile de garder les barrières qui l'entourent, que celles qui nous séparent des pays réellement étrangers. Si on garde, par exemple, cent lieues de plaines, de Strasbourg à Lille, pourquoi ne garderait-on pas autour de Marseille, quelques lieues de montagnes presque inaccessibles? Il y a ici bien plus de facilité et de sûreté, puisque, au delà même de la ligne réputée frontière, il se trouve des bureaux qui veillent sur l'intérieur de la ville.

C'est le désir de remplacer les franchises et le besoin de les régulariser, qui ont fait imaginer les entrepôts; mais substituer l'entrepôt à la franchise, c'est renoncer à faire chez soi, tout commerce avec l'étranger.

L'entrepôt est-il réel? la marchandise est renfermée sous la clé des préposés des douanes: fictif? elle est encore soumise à leur contrôle, à leurs vérifications, à leurs procès-verbaux.

L'entrepôt est à la franchise, ce que l'emprisonnement est à la liberté.

Le commerce veut être libre.

Quelle sera l'inquiétude d'un capitaine étranger si, à son arrivée au port, des brigades de douaniers, escaladant son navire, recherchent, ouvrent, visitent ses balles, les entraînent dans un entrepôt, pour ne les y laisser examiner qu'en leur présence, et ne les en laisser sortir qu'à leur volonté?

Représentons-nous l'encombrement, le désordre inévitable de ces magasins publics: que de sujets de contestations? que de tems sacrifié! que de pertes possibles; sur-tout dans un port où le commerce se compose d'une innombrable quantité de marchandises de nature différente!

Reverrons-nous cet étranger, si, à notre voisinage, il existe un port franc, où il puisse recevoir un accueil hospitalier?

Nous n'avons donc qu'une question à examiner: nous convient-il de recevoir des étrangers dans quelqu'un de nos ports.

Si nous tenons pour l'affirmative, la nécessité d'ouvrir un port franc est une suite nécessaire de notre position et de nos besoins.

Sous quelque face que nous envisagions cette question, la conséquence sera la même.

Dans un port franc, un grand concours d'acheteurs, faisant espérer une vente prompte et de hauts prix, tous les genres de denrées abondent; il peut devenir l'entrepôt du monde entier; mais par un autre effet de la même cause, les prix des marchandises étrangères y sont aussi quelquefois plus bas que par-tout ailleurs.

Si donc nous sommes forcés de recevoir du dehors une grande quantité de matières premières, et si nous voulons les obtenir à des prix modérés, il nous convient d'instituer un marché où toutes les nations envoient leurs denrées en abondance, et par conséquent d'établir un port franc.

Dans un port franc, ainsi que le prévoyait Colbert, viennent s'établir des commerçans étrangers, pour y jouir des mêmes prérogatives que les nationaux. Avec leur industrie, ces commerçans y transportent encore leurs capitaux. Or, il est de l'essence des négociations commerciales, que les capitaux d'un commerçant vivifient, par la circulation, toute la place où est établi son comptoir.

Si donc, soit par un effet d'erreurs anciennes, soit par des malheurs récens, notre commerce en général manque de fonds, sous ce rapport il nous convient, encore, d'ouvrir un port franc.

Les exportations de notre commerce du Levant se composaient anciennement de produits de nos manufactures, pour deux cinquièmes; de productions de notre sol, pour un cinquième; de denrées de nos colonies, pour un cinquième, de marchandises étrangères, pour un cinquième.

Nous recevions en retour, des matières brutes et des ouvrages à demi-manufacturés; l'excédent comparatif de ces retours formait les bénéfices.

Une partie de ces matières brutes et de ces ouvrages à demi-manufacturés, était livrée directement à notre consommation, ou employée dans nos propres fabriques; le surplus, il fallait l'écouler au dehors : il fallait donc appeler des étrangers.

Mais l'étranger qui vient acheter dans une ville française les denrées de l'Orient, ne nous accorde la préférence qu'à deux conditions : l'une, qu'il pourra vendre chez nous ses propres marchandises; l'autre, qu'il trouvera dans nos magasins tous les objets propres à compléter son chargement. Il veut, dans un seul port, dans une seule semaine, terminer son opération. Or, c'était là l'avantage que Marseille offrait autrefois à tous les commerçans du monde.

L'Arménien y achetait les marchandises du Suédois; l'Africain, celles du Russe; l'Italien et le Grec, celles du commerçant de Hambourg; tous s'y approvisionnaient des productions de la France, parce que, ainsi que je l'ai dit, elles composaient les fonds du commerce, et que c'était principalement pour en acquérir que les étrangers venaient à ce rendez-vous commun.

Ne rétablissons pas la franchise, nous nous priverons et de la vente directe de nos ouvrages manufacturés que cet ensemble favorisait, et de celle des retours de l'Orient, qui représentaient le montant de nos propres marchandises exportées dans nos envois : tout le système sera renversé.

De plus, je viens de faire remarquer que les importations du commerce du Levant se composent d'une très-grande quantité d'objets de nature différente. Les échanges multipliant encore ces marchandises, le port où se fait ce commerce est un de ceux où l'on voyait autrefois accumulées le plus de denrées de tous les pays : on y entendait parler toutes les langues; les costumes du midi et ceux du nord y attiraient en même tems les regards : soumettons toutes ces marchandises à des entrepôts, tous ces commerçans aux servitudes qu'un tel régime exige, notre commerce sera détruit sans retour.

Il y a même impossibilité absolue d'appliquer ici le régime des entrepôts, et à cause de l'immense quantité des objets, et à cause de leur diverse nature. Jamais l'encombrement, et les dangers de tout genre n'auraient été si grands.

Mais dans tout ce que je viens d'exposer, n'ai-je pas présenté un tableau fidèle de la situation commerciale de la France?

Des ~~Projets~~ presque miraculeux dans notre industrie manufacturière, et un besoin indispen-

progrès

sable de matières premières qui puissent l'alimenter ; un désir général d'accroître nos exportations, de renouer, de multiplier au dehors des relations pendant si longtems utiles ; et au milieu de tout cela, une marine anéantie, peu des capitaux : voilà notre état.

La Provence demande à exporter ses huiles fines, ses parfums, ses tanneries ; Lyon ses satins, ses brocards et ses dentelles d'or ; le Languedoc ses draps ; Orléans ses bonneteries ; le Dauphiné ses papiers et ses toiles. Tout languit.

Il nous reste cependant de légitimes espérances. La Porte Ottomane voudra sans doute maintenir ces capitulations dont elle s'est montrée si fidèle observatrice, et qui nous assurent à nous mêmes dans ses ports des franchises si avantageuses.

La Grèce n'aura pas oublié la supériorité de nos manufactures. Le commerce de la Mer Noire, riche et nouveau domaine, va s'ouvrir à l'activité française (1).

Dans cette situation, ne devons-nous donc pas, Messieurs, nous féliciter de ce que le Roi nous

(1) M. Antoine Anthoine fait sentir, en divers endroits de son intéressant *Essai sur le commerce de la Mer Noire*, combien la franchise est nécessaire à ce commerce naissant.

propose d'accorder au commerce une des faveurs les plus propres à le relever de sa ruine, et telle en effet que nous l'eussions sollicitée nous-mêmes, si la sagesse du Monarque ne nous eût prévenus?

Que si, parcourant maintenant nos départemens méridionaux, nous cherchons quel est le port qu'il convient d'affranchir pour l'utilité du commerce du Levant, comment former un doute?

La direction du grand fleuve qui descend vers le midi de la France, nous le désigne; les sinuosités des bords de la Méditerranée nous le montrent; l'histoire du commerce nous le nomme: c'est le port de Marseille.

La nature a dit à Marseille : tu feras le commerce de l'Orient; mais cette mission ne peut s'accomplir, si les Lois y apportent des obstacles.

Que sont devenues tant de villes commerçantes, les alliées ou les rivales de la fille de Phocée, les compagnes de ses premiers succès, Tyr, Carthage, Corinthe, Milet, Rhodes, Alexandrie, Palmyre? Je pourrais dire, elles n'existent plus; et depuis vingt ans seulement, Marseille a cessé de fleurir.

Il est ici des causes générales qui ont successivement détourné le cours du commerce; mais il est aussi des causes particulières, au nombre desquelles il faudra compter la perte de la liberté dans les villes conquises par les Musulmans, le maintien de cette source universelle de prospérité, dans la colonie plus heureuse de Phocéens.

Je n'entreprendrai pas, après l'exposé de notre savant collègue, M. Fauris de Saint-Vincens, Rapporteur de notre Commission, de retracer l'histoire de la franchise du port de Marseille, dans les tems antérieurs à la réunion de la Provence à la France. Je vous rappellerai seulement, Messieurs, l'intéressant témoignage d'Accurse Maynier, mis au jour par notre Collègue, et qui atteste que le Port de Marseille jouissait d'une pleine franchise, en 1477.

La Provence ayant été réunie à la France, en 1481, l'Etat ancien nous est par là bien connu, et je dois me borner aux actes du Gouvernement français.

Jusqu'à François Ier, aucun de nos rois, si je ne me trompe, n'avait porté atteinte à cette antique franchise, que Marseille avait établie sous son ancien Gouvernement républicain, et qu'elle avait maintenue, malgré des gênes passagères, sous la puissance de ses comtes, grâces à son administration municipale, constamment subsistante.

François Ier, par son Edit du 22 octobre 1539, confirmé par celui du 25 novembre 1540, et celui du 25 mars 1543, en renouvelant un impôt précédemment établi, ordonna que les épiceries n'entreraient en France que par Lyon, Rouen et Marseille, *à la charge de payer les gabelles*; et nous voyons dans un Edit de Henri II, du 10 septembre 1549, que des receveurs furent établis dans chacune de ces trois villes.

Charles IX reconnut l'erreur de son aïeul. Lors de son voyage en Provence, au mois de décembre de l'an 1564, il abolit ces droits pour la ville de Marseille, et rendit ainsi au port la plénitude de sa franchise (1).

Le fisc se permit bientôt des usurpations.

Henri III, par des lettres-patentes du mois de février 1577, confirmées par d'autres lettres-pa-

---

(1) Ruffi, *Histoire de Marseille*, liv. VIII, chap. 1er, pag. 346.

tentes du 21 septembre de la même année, rétablit l'état ancien.

Il paraît que l'Edit du 20 mai 1581, qui ordonnait l'établissement d'un droit de douanes dans chaque ville du Royaume, servit de prétexte à de nouvelles levées.

Un Edit, rendu en 1584, abolit encore une fois ces abus (1).

Les guerres civiles troublèrent l'antique liberté.

Il était digne de Henri IV d'en devenir le restaurateur.

« Notre dicte ville de Marseille, dit ce bon Roi,
» dans son Edit du 22 juillet 1596, recepvant
» ses principales commodités du commerce et
» négoce, par le moyen duquel elle s'estoit
» rendue, avant ces troubles, une des plus
» riches et florissantes de ce Royaume : et désirans
» donner moyen aux habitans d'icelle de se re-
» mettre de leurs pertes passées, Nous voulons et
» entendons qu'ils puissent continuer leur dict
» négoce et trafic, avec la mesme franchise, exemp-
» tion et immunité qu'ils ont tousiours faict par
» cy-devant. »

---

(1) Ruffi, *ibid.*, ch. 2, p. 354.

Deux régences où les grands usurpèrent l'autorité royale, renouvelèrent les abus. D'imprudentes perceptions furent levées au profit du prince; d'autres, illégalement établies, devinrent la proie de quelques particuliers.

Louis XIV, par le célèbre Edit donné au mois de mars 1669, rétablit dans son intégrité l'œuvre de Henri IV.

Il était dans la destinée de cette belle institution d'être contrariée par l'aveugle rapacité du fisc; il était aussi dans sa destinée d'être chaque fois rétablie par la sagesse de nos Rois.

Du vivant même de Louis XIV, de nouveaux droits furent établis; différentes marchandises furent soumises au régime funeste des entrepôts.

Louis fut assez magnanime pour déclarer qu'il était tombé dans l'erreur. Veuillez, Messieurs, entendre quelques passages de l'arrêt du Conseil du 10 juillet 1703.

Le Conseil reconnaît « que Sa Majesté ayant » voulu, en l'année 1669, donner au commerce » du Royaume, et particulièrement à celui qui se » peut faire de Marseille en Levant, toute l'é- » tendue et toute la liberté nécessaire pour rendre » le commerce aussi utile qu'il peut être à l'Etat:

» Sa Majesté aurait, par son Edit du mois de mars » 1669, déclaré le port et havre de Marseille, » franc et libre à tous marchands et négocians, et » pour toutes sortes de marchandises de quelque » qualité et nature qu'elles puissent être; et or- » donné que les étrangers et autres personnes de » toutes nations et qualités, pourraient y aborder » et entrer avec leurs vaisseaux, bâtimens et mar- » chandises, les charger et décharger, y séjourner, » magasiner, entreposer, et en sortir par mer libre- » ment, quand bon leur semblerait, sans qu'ils » fussent tenus de payer aucun droit d'entrée ni » de sortie par mer.....

» Que Sa Majesté, sur plusieurs représenta- » tions qui lui ont été faites, aurait ensuite jugé » à propos, en diverses occasions, de faire d'autres » Réglemens, qui ont apporté du changement à » l'état où le commerce avait été mis....

» Que ces Réglemens ont restreint la franchise » du port de Marseille, en établissant des en- » trepôts....

» Que quoique tous ces Réglemens semblent » n'avoir été faits que pour favoriser le commerce » des sujets de Sa Majesté, et lui donner quelque » avantage sur le commerce des étrangers; *ils*

» *n'ont pas laissé cependant de produire un effet*
» *tout contraire.*

» Que depuis les difficultés auxquelles l'exé-
» cution de ces Réglémens a donné lieu dans
» Marseille, les étrangers qui y avaient pris des
» habitudes, et qui y abordaient en plus grand
» nombre, pour prendre, avec les marchandises du
» Levant, dont ils ont besoin, des quantités très-
» considérables de marchandises du crû et des
» fabriques du Royaume, dont les négocians de
» Marseille avaient soin de faire des magasins,
» vont faire commerce à Gênes et à Livourne, qui
» sont devenues, par ce moyen, les places les plus
» fréquentées et les plus considérables de l'Europe,
» pour le commerce du Levant et d'Italie...

» A CES CAUSES, LE ROI a ordonné et ordonne
» que les habitans de la ville de Marseille et les
» marchands et négocians, tant sujets de Sa Ma-
» jesté, qu'étrangers, et autres personnes de toutes
» nations et qualités, jouiront, dans l'étendue de
» la ville, port et territoire de Marseille, des
» exemptions, privilèges et franchises accordés
» en faveur du commerce, et portés par l'Edit
» du mois de mars 1669. »

L'histoire de la franchise du port de Marseille,

et des variations qu'elle a subies, se trouve toute entière dans le tableau comparatif des progrès et de la décadence de notre commerce avec le Levant.

Sous l'administration de Colbert, après l'Edit de 1669, les exportations de ce commerce, presque nulles auparavant, s'élevèrent bientôt à 12 millions; les importations à 15 millions. Deux cents bâtimens y étaient employés (1).

Vers l'an 1703, époque du régime des entrepôts, nos exportations, pour le Levant, ne se montèrent plus qu'à 2 millions, nos importations qu'à 3 millions 400 mille livres (2).

En 1781, sur l'invitation, dit-on, du baron de Tott, il f t apporté une légère altération aux établissemens de Colbert; l'ancien état des choses ne fut rétabli qu'en 1785.

De 1781 à 1785, la somme moyenne des exportations ne s'éleva qu'à 16 millions; celle des importations qu'à 26.

---

(1) Registres de la Chambre du commerce de Marseille, cités dans son *Mémoire sur la franchise des ports*, rédigé par M. Capus, pag. 32.

(2) Arnould, *Balance du commerce*, tom. 1, pag. 254.

De 1785 à 1789, la somme moyenne des exportations se monta à 19 millions, celle des importations à 37 millions.

En 1788, les importations s'élevèrent à 42 millions 683 mille francs (1).

En 1666, avant l'Edit du port franc, une très-petite quantité de draps du Languedoc pénétrait au Levant, sous la dénomination *de Façon d'Angleterre*, *ou de Façon de Hollande* (2).

Vers l'an 1703, l'exportation n'était encore que de onze mille pièces (3).

En 1791, dans la seule partie de cette province, qui forme aujourd'hui le département de l'Aude, il en a dû être expédié pour le Levant, environ deux mille six cents balles, formant trente-une mille deux cents pièces (4); et dans la même année, la totalité des draps fabriqués dans le Lan-

---

(1) *Mémoire du conseil de commerce de Marseille*, adressé au Ministre de l'Intérieur en l'an X; *Biblioth. comm.* de M. Penchet, 1re souscript., tom. 2, pag. 33.

(2) M. De Barants, *Mém. sur le commerce des draps de Carcassone*; Bibl. comm. de M. Penchet, 2e. souscript., tom. 1, pag. 146, 147.

(3) Arnould, *Balance du commerce*, tom. 1, pag. 256, à la note.

(4) M. De Barants, *ibid.*

guedoc, pour la même destination, a été de quarante-sept mille pièces (1).

Enfin, vers 1791, la masse totale des opérations commerciales de Marseille, était évaluée à 300 millions ; cette ville expédiait annuellement quinze cents vaisseaux nationaux, non compris ceux de la caravanne, ceux du cabotage (2), et les vaisseaux étrangers qu'elle recevait dans son port, et que M. Raynouard vous a dit s'être montés en 1792, à 2,034. Les matelots qui se formaient sur vingt lieues de côtes, devenaient la base des classes de la Méditerranée.

Cette prospérité s'est anéantie. Le Décret du 11 nivose an 3, en abolissant la franchise, en a détruit la cause.

Déjà, en 1805, on estimait que le commerce de Marseille était diminué des cinq sixièmes.

M. le Rapporteur nous a dit quelle est aujourd'hui la décadence de cette ville n'aguère si opulente. Je n'ose répéter une si triste vérité.

Cependant des villes rivales ont profité de nos erreurs.

---

(1) Arnauld, *Balance du commerce*, *ibid.*

(2) *Mémoire de la Chambre du commerce*, par M. Capus, *ibid.*

Grâces à la franchise de son port, Livourne a tellement prospéré, au sein même des guerres, que sa population qui était de quarante mille âmes, en 1789, est aujourd'hui de quatre-vingt mille.

Trieste, par la même cause, s'est si rapidement agrandie, que, peuplée de quatre mille âmes, en 1764, lorsqu'elle obtint sa franchise, elle en renfermait déjà vingt mille en 1788, et qu'elle en compte aujourd'hui soixante mille.

La guerre a contribué à notre décadence, mais la paix ne suffirait pas pour remédier au vice des Lois.

Notre position dans la Méditerranée, mérite toute notre attention. Un de nos concurrens peu à craindre autrefois, occupe le milieu de ce vaste bassin. Tous les nôtres se sont accrédités pendant notre absence. Il ne s'agit plus seulement de maintenir ce commerce, il faut le recréer. Les côtes de la Dalmatie, devenues une propriété de l'Autriche, vont lui offrir des havres nombreux et commodes. Les ports francs se multiplient. L'industrie manufacturière étrangère qui fait tous les jours, comme la nôtre, de nouveaux progrès, voit aussi tous les jours ses sectateurs se multiplier.

Qu'a-t-on objecté qui puisse balancer de si puissans motifs ?

La franchise n'est utile qu'à la ville qui en jouit : plus le commerce y prospère, plus il décroît dans les pays environnans.

Qu'un port franc attire à lui quelque partie du commerce qui pourrait se faire dans un port voisin, ce fait n'est pas douteux, et tout ce qu'il faut remarquer, c'est que l'Etat y trouve un grand avantage, attendu qu'il se fait bien plus d'affaires sur ce point capital, qu'on n'en pourrait espérer dans plusieurs petits ports isolés.

Mais que la franchise diminue la masse du commerce, dans l'ensemble d'une province ou du Royaume, on ne pourrait le soutenir sans s'élever contre l'évidence : c'est ce que j'ai complètement prouvé.

Le commerce veut de grandes réunions. Une action centrale détermine le mouvement des rouages subordonnés.

Un port franc est une sorte de *loge*, une bourse où se rassemblent les commerçans des deux hémisphères. Croit-on que si on supprimait la bourse de Paris ou celle de Bordeaux, il se fit à Paris ou à Bordeaux un plus grand commerce ? Bien au contraire.

Qaund les convenances et l'habitude ont assigné une route au commerce, si on obstrue ce passage, il se forme des combinaisons nouvelles; et souvent le fleuve se creuse un lit sur un point fort éloigné du premier. La destruction de Corinthe n'enrichit point Egine ; Utique ne recueillit pas la succession de Carthage.

En ruinant Marseille , nous ne transmettrions sa dépouille ni à Martigues, ni à Saint-Tropez. Nous diminuerions seulement la masse de nos exportations.

Que nos Collègues des départemens de l'Aude, de l'Isère, du Rhône, veuillent au surplus nous instruire à cet égard, en ce qui concerne leurs départemens. Je les invoque avec confiance, car déjà ils ont exprimé leur voeu dans nos Bureaux ; et nous n'ignorons pas que la Chambre du commerce de Lyon a adressé des réclamations au Gouvernement, à l'appui de celles de Marseille.

Les tems sont changés; ce qui était bon sous Colbert, serait nuisible aujourd'hui.

Que voulut Colbert ? — Favoriser nos exportations, procurer à la France, par des échanges avantageux, les matières premières qui lui manquent. — Quoi donc! ces besoins ont-ils cessé? — Mais au tems de Colbert nos manufactures étaient loin de la perfection où elles se sont élevées. — La concurrence était donc bien plus dangereuse? — Nous irons vendre nous-mêmes nos marchandises chez les différentes nations, sans toucher jamais à leurs produits manufacturés. — Erreur. Commercer, c'est échanger; vous ne pouvez opérer que par des viremens; vous admettrez toutes les marchandises étrangères dans vos spéculations, ou vous ne vendrez pas les vôtres.

Au tems de Colbert, notre marine commençait à peine à se faire respecter. Sommes-nous aujourd'hui maître des mers?

Le Trésor public fera une perte considérable. Il ne perdra rien. La franchise exempte, il est vrai, du paiement de quelques taxes sur des objets de consommation qui viennent du dehors; mais cette diminution de produit se trouve abondamment compensée par le haussement qui s'opère de lui-même, soit dans les cotes particulières, soit dans le montant total des autres impositions.

L'exemption apparente n'est réellement qu'une mutation opérée dans la matière de l'impôt.

Portons dans la balance l'augmentation de perception à laquelle donnent lieu une grande population et une plus grande masse d'affaires ; les patentes, le timbre, les frais de greffe, les enregistremens ; l'accroissement du prix des immeubles ; les mutations devenues plus fréquentes, car, dans le tourbillon d'un grand commerce, les immeubles diffèrent peu des effets de portefeuille ; l'augmentation de la consommation, celle des prix des denrées de toutes sortes, et par conséquent celle des impôts indirects ; la contribution mobiliaire acquittée ; je dis acquittée, car on sait que depuis plusieurs années les maisons de Marseille sont désertes et sans valeur, et qu'il a fallu transformer cette contribution en un octroi. Il est plus que vraisemblable, d'après tout cela, que si l'on dressait un compte exacte, on verrait que le Trésor public trouvera un grand bénéfice dans le régime de la franchise la plus étendue.

Mais il se commettra des fraudes. — En quoi ? — De deux manières : dans l'introduction des ouvrages manufacturés étrangers; dans l'introduction des denrées coloniales étrangères.

Quant au premier point, j'ai déjà dit que les marchandises prohibées par des Lois générales, le sont dans un port franc comme par-tout ailleurs.

En ce qui concerne les denrées coloniales, le danger n'effraya ni Louis XIV, ni Colbert. Il n'est pas plus difficile de garder les montagnes qui entourent Marseille, que les bords du Rhin et les plaines de la Flandre.

Mais les infiltrations ! — Misérable argument ! N'oublions pas qu'il s'agit de rendre à la France un commerce qui peut s'élever à 300 millions par année !

Les manufactures de Marseille acquerront de trop grands avantages, comparées à celles de l'intérieur, attendu qu'elles n'acquitteront point de droits sur les matières premières.

Cette objection serait d'une grande force, si les faits étaient exacts. Mais il faut ici considérer que presque toutes les matières premières entrant en France sans payer de droits, toutes choses, à quelques exceptions près, demeurent égales.

De plus, Marseille est la ville du Royaume la

moins propre à entretenir des manufactures, attendu qu'elle n'a presque point de territoire, et que les vivres et la main-d'œuvre y sont très-chers.

Les Manufactures de Marseille sont à Carcassonne, à Lyon, à Lille, à Rouen, à Orléans.

Mais il est une troisième considération.

Marseille étant, quant aux douanes, réputée ville étrangère, les produits de ses manufactures, les produits mêmes des manufactures françaises, dont elle voudrait trafiquer dans l'intérieur, sont soumis aux mêmes droits que les marchandises étrangères. C'est là le principe conservateur, qui empêche la fraude, et qui, en même tems, vivifie tous les pays voisins. Dotée des grands profits du commerce maritime, Marseille se trouve forcée de renoncer à la distribution des produits de nos manufactures dans ses environs, et ce commerce devient le patrimoine de quelques villes du second ordre, qu'il enrichit, et qui en attendent en ce moment le rétablissement. Sans doute, le Gouvernement remettra en vigueur, à ce sujet, les réglemens anciens : et quant à vous, Messieurs, vous remarquerez avec satisfaction que le bienfait qu'on attend de votre sagesse, sera encore plus grand que vous ne l'aviez peut-être espéré au premier aspect, puisqu'en assurant à Marseille tout ce que les circonstances actuelles peuvent lui faire retrouver de son ancienne splendeur, vous rendrez aussi leur commerce à plusieurs villes, que la cessation de cet ancien état de choses a contribué à ruiner.

L'entrepôt concilierait tout.

L'entrepôt détruirait tout.

Vous n'oublierez pas, Messieurs, que c'est le régime des entrepôts, qui, suivant les termes de l'arrêt du Conseil du 10 juillet 1703, avait porté le commerce de Marseille *à Gênes et à Livourne*, et que c'est ce régime que Louis XIV crut devoir proscrire par cet arrêt de 1703.

Mais, de plus, l'impossibilité des entrepôts serait ici absolue (1).

Un des Rapporteurs des Comités de commerce et de marine, de l'Assemblée législative, disait à cette Assemblée, en parlant des sommes d'importations et d'exportations dont se compose le commerce de Marseille, *il serait physiquement impossible de concentrer ces marchandises dans*

---

(1) M. Sinéty et M. Capus ont démontré ce fait de la ma-

un, dans vingt et trente magasins réunis. La ville entière n'a pas paru trop grande pour cet entrepôt.

A Gênes, le Gouvernement n'a affranchi qu'une partie de la ville.

Cela est vrai. Mais, à Gênes, la ville forme, pour ainsi dire, tout l'Empire ; affranchir la ville entière, ce serait renoncer à toute perception. Gênes n'alimente qu'un petit Etat, Marseille contient le dépôt d'un grand Royaume.

L'Angleterre n'a point de ports francs.

Oui. Mais, qu'est-ce que notre position et celle de l'Angleterre ont de semblable ? L'Angleterre couvre les mers de ses vaisseaux; le commerce du Levant n'est pour elle qu'un accessoire ; propriétaire de toutes les denrées les plus précieuses du monde, elle force tous les peuples à les recevoir.

Mais enfin, la ville ne peut-elle pas suffire ? Faut-il aussi le territoire ?

Colbert estima qu'il convenait d'affranchir le

---

nière la plus évidente ; le premier dans son *Mémoire sur la franchise du port, ville et territoire de Marseille*, pag. 26 et suiv. ; le second, dans le *Mémoire de la Chambre du commerce*, que j'ai déjà cité.

territoire; et depuis 1703, les fermiers généraux n'ont plus réclamé contre cette disposition, calculée pour l'intérêt du Trésor, autant que pour l'avantage du commerce.

Les portes d'une ville de 120 mille âmes sont plus difficiles à défendre que des barrières naturelles, formées par un enceinte de montagnes, qui, sur une portion de cercle d'environ cinq milles de, diamètre, ne laissent d'accessibles que trois routes, deux traverses, deux sentiers (1).

Le territoire de Marseille est couvert de dix mille habitations, qui ne forment en quelque sorte qu'un tout avec la ville, et les communications du dedans au dehors, sont de tous les instans.

La ligne des douanes, tracée comme elle l'était en 1789, en renfermant l'hémicycle qui entoure la ville, embrasse toutes les côtes.

Le lazaret enfin est situé sur le terrain que cette ligne circonscrit, de manière que la même circonvallation environne tout ce que les douanes doivent surveiller, tout ce que le salut public commande de retenir hors des barrières du Royaume.

---

(1) Ce fait n'a rien que de très-facile à croire pour tous ceux qui connaissent les lieux. La nature a marqué la place des trois bureaux des douanes, à la Penne, à Allauch, et au château de Septèmes.

Le plan intérieur de cette infirmerie, dont l'enceinte est aussi étendue que celle d'une ville de vingt mille âmes; les soins patriotiques des citoyens qui se vouent tour à tour à l'administration et à la garde de cet inquiétant dépôt; les ravages que la peste y exerce chaque année, sans que les paisibles habitans de la ville en conçoivent même le soupçon; l'immense quantité des marchandises qu'on y soumet à divers moyens de purification; toutes ces particularités ont été si éloquemment décrites par plusieurs des préopinans, et par M. le Directeur général, que je ne dois pas essayer de les retracer.

Mais si, comme on nous l'a dit, on a vu en même tems, dans cette enceinte jusqu'à quarante mille balles de diverses marchandises, quel serait donc dans l'intérieur de la ville, l'entrepôt suffisant pour un si grand commerce?

M'opposera-t-on des autorités? Je citerai Smith, d'Argenson, Necker, Mirabeau; je citerai Montesquieu, qui pense *que dans les Etats qui font le commerce d'économie, on peut établir un port franc*, et qui définit le commerce de Marseille, *un commerce d'économie.*

Je citerai le sage Rapporteur de l'Assemblée Constituante, Meynier, Député du Gard, et le Décret rendu sur ses conclusions, par lequel cette Assemblée maintint la franchise du port, de la ville et du territoire de Marseille.

Gardons-nous, Messieurs, d'attendre, comme plusieurs des préopinans nous y invitent, gardons-nous d'attendre pour adopter le Projet de Loi, que les Réglemens qui doivent régulariser la franchise nous soient présentés.

M. le Directeur général nous a dit avec raison que ces Réglemens devant embrasser un assez grand nombre de rapports, il faut qu'une longue méditation les prépare, et que l'expérience même en dirige la formation. Cependant le tems presse; la route de Marseille va être oubliée. Sous les Lois constitutionnelles qui nous gouvernent, le moindre retard ferait croire à tous les Peuples navigateurs que Marseille leur refuse l'hospitalité accoutumée.

L'intérêt de nos manufactures, l'intérêt de notre agriculture nous prescrivent d'accepter le Projet de Loi. Vingt départemens attendent les fruits de notre détermination.

Vous me saurez gré, sans doute, Messieurs, si je vous rappelle encore, en finissant, ces nobles paroles du grand Henri:

« Notre ville de Marseille recepvant ses princi-

» pales commodités du commerce et négoce, par
» lequel elle s'estoit rendue, avant ces troubles,
» une des plus riches et florissantes de ce Royau-
» me : et désirans donner moyen aux habitans
» d'icelles de se remettre de leurs pertes pas-
» sées, Nous voulons qu'ils puissent conti-
» nuer leur dict négoce, avec la mesme franchise,
» exemption et immunité qu'ils ont toujours faict
» par cy-devant. »

Dans ces expressions pleines de bonté, ne retrouvez-vous pas le tableau de notre situation actuelle, et ne croyez-vous pas entendre l'auguste descendant de ce bon ami des Français, qui vous sollicite de concourir au soulagement d'une portion souffrante de son Peuple, et à la restauration du commerce?

Hatons-nous donc de prononcer. Nous nous étions séparés de tous les Peuples : que l'affranchissement du port de Marseille, devienne en quelque sorte un des préliminaires d'une paix qui doit nous réconcilier avec le monde entier.

Je vote pour l'acceptation du *Projet de Loi.*

Hacquart, Imprimeur de la Chambre des Députés, rue Gît-le-Cœur.

CHAMBRE DES DÉPUTÉS.

OPINION

DE

M. ÉMÉRIC-DAVID,

Sur le Projet de Loi relatif au rétablissement de la franchise du Port de Marseille.

ERRATA.

Page. 12, ligne 20, *rappeler*, lisez *appeler*.

Page 13, ligne 9, *manufactures*, lisez *manufacturiers*.

Page 23, ligne 24, *projets*, lisez *progrès*.

Page 35, ligne 16, *tous les nôtres*, lisez *tous les autres*.

Page 39, ligne 4, *une grande*, lisez *une plus grande*.

HACQUART, imprimeur de la Chambre des Députés,
rue Gît-le-Cœur, n°. 8.

CHAMBRE DES DÉPUTÉS.

MOTIFS

PRÉSENTÉS

PAR M. ÉMÉRIC-DAVID,

A L'APPUI DE SA PROPOSITION

Tendante à ce que le Roi soit investi du droit d'autoriser, par des dispenses, les Mariages entre Beau-Frère et Belle-Sœur,

IMPRIMÉS PAR ORDRE DE LA CHAMBRE.

Séance du 5 décembre 1814.

MESSIEURS,

La Loi du 20 septembre 1792, avait permis les mariages entre beau-frère et belle-sœur. Lorsque le Code Civil qui les prohiba, fut publié, un grand nombre de personnes avaient contracté, sous la foi de la Loi précédente, l'engagement de s'unir.

Il est même constant que dans plusieurs familles les contrats étaient dressés, les publications avaient eu lieu, le jour de la célébration était déterminé. La promulgation inattendue du Code, en interdissant des liens que des convenances morales, et une affection réciproque avaient formés, ne parvint pas toujours à les rompre.

Honoré plusieurs fois de vos suffrages, pour être placé parmi les Membres de votre Commission des Pétitions, je me suis trouvé chargé d'examiner les demandes de divers Pétitionnaires, qui prient la Chambre de provoquer une modification quelconque de l'article 162 du Code civil, afin qu'il leur soit permis d'effectuer des promesses données sous la garantie de la foi publique.

Un d'eux, entr'autres, est un militaire, qui a demeuré prisonnier pendant six ans chez les Anglais. Devenu veuf pendant sa captivité, à son retour dans ses foyers, il a trouvé sa belle-sœur, donnant à ses enfans les soins d'une tendre mère, et il a promis qu'elle deviendrait en effet la mère de cette jeune famille.

Un autre a entendu sa femme au lit de mort, le conjurer de ne confier qu'à sa sœur le soin de ses enfans, qu'elle allait abandonner; et c'est entre les mains de cette vertueuse épouse, qu'ont été formés, tant est généreux le cœur d'une mère, des nœuds qui ont réalisé envers ses enfans, objet de sa sollicitude, le juste espoir de l'amitié.

Chargé par votre Commission, de conférer à ce sujet avec Monsieur le Chancelier, j'ai appris de ce Magistrat, qu'il a été adressé, soit au ci-devant Grand-Juge, soit à son Excellence elle-même, dix-sept cent cinquante-six demandes, tendantes toutes au même but, non compris celles qui n'ont été faites que verbalement, et dont le nombre est aussi très-considérable.

Ces considérations, Messieurs, m'ont déterminé à vous présenter en mon propre nom, conformément à vos réglemens, la proposition que j'ai l'honneur de vous soumettre.

Elle consiste à ce que le Roi soit supplié de présenter un Projet de Loi, portant que le droit donné à Sa Majesté, par l'article 164 du Code civil, de lever pour des causes graves les prohibitions portées en l'article 163, contre les mariages entre l'oncle et la nièce, la tante et le neveu, soit étendu aux mariages entre le beau-frère et la belle-sœur, prohibés par l'article 162.

Vous le savez, Messieurs, lorsque le Conseil d'Etat s'occupa de la composition du Code civil la Commission chargée d'en présenter le Projet, proposa, quant aux mariages entre le beau-frère et la belle-sœur, le maintien de la Loi du 20 septembre 1792.

La majorité de la section de législation du Conseil d'État adopta cette proposition.

La Cour d'appel de Paris et celle de Montpellier avaient émis une opinion contraire.

La question portée au Conseil, y fut fortement débattue.

On soutenait, d'une part, que l'intérêt des enfans demande qu'on autorise ces unions, puisqu'ils peuvent retrouver dans le frère ou la sœur de leur père ou de leur mère, l'affection et les soins de leurs premiers parens. On ajoutait qu'il n'y a, entre le beau-frère et la belle-sœur, aucune parenté réelle, et que, si on avait égard à la facilité et aux dangers des fréquentations, il faudrait aller jusqu'à interdire le mariage entre cousin et cousine.

On s'appuyait, dans le système opposé, sur la nécessité de prévenir la corruption des mœurs qui se glisse facilement dans des communications familières, lorsque le mariage peut en être une suite; sur l'intérêt de multiplier les alliances; sur l'inconvénient de laisser dégénérer les races, en négligeant de les croiser. Le Conseil fut alarmé principalement du danger de jeter dans les familles un levain de discorde, en créant pour les frères et sœurs un intérêt à provoquer le divorce, et en favorisant ainsi des unions scandaleuses, qu'on aurait l'espoir ou le prétexte de légitimer par la dissolution d'un premier mariage.

Il paraît que c'était là l'objection principale qu'avaient présentée les Cours d'appel de Paris et de Montpellier, et que ce fut aussi ce motif qui entraîna la majorité des suffrages.

Les mariages entre beau-frère et belle-sœur furent prohibés; et tandis qu'en prohibant aussi ceux de l'oncle avec la nièce, ceux de la tante avec le neveu, on décerna au Prince le droit de lever cette dernière prohibition pour des causes graves, on excéda peut-être les bornes de la prudence, en refusant de laisser ce remède à la rigueur de la Loi, pour les mariages des beaux-frères avec leurs belles-sœurs.

Je me garderais, Messieurs, de proposer pour ces mariages, une liberté absolue. Quoique toutes les raisons alléguées pour en faire prononcer la prohibition, ne soient pas à beaucoup près d'une égale force, il suffirait de la dernière pour m'inspirer un juste effroi: j'aimerais mieux, sans doute, priver des enfans qui auraient perdu leur mère, du bonheur de la retrouver dans une tante qu'ils chériraient, que d'arracher à d'autres leur mère véritable, pour les livrer à l'orgueilleuse rivale qui aurait chassé sa sœur du lit nuptial.

Mais, si ces mariages doivent être prohibés par la Loi, je ne vois aucune raison plausible de ne pas investir le Prince du droit de les légaliser, lorsqu'il en peut résulter pour les familles un avantage réel.

Pourquoi ne pas décerner au Roi, relativement à ces mariages, le droit dont il jouit à l'égard de ceux qu'un oncle veut contracter avec sa nièce, une tante avec son neveu?

Il est, dans le jugement que nous portons de ces derniers, je ne sais quelle idée de paternité et de maternité, à laquelle l'imagination a quelque peine à s'accoutumer; l'union du beau frère avec sa belle-sœur, ne présente à l'esprit rien de semblable.

Les objections tirées de l'utilité de croiser les races et de multiplier les alliances, portent à faux, puisque déjà l'alliance de deux familles différentes à eu lieu lors du premier mariage.

Les enfans qui doivent naître de la seconde union, se trouveront bien plus intimement frères et sœurs, qu'ils ne le seraient, issus de toute autre mère.

Le danger de la fréquentation n'est pas plus grand, qu'il ne l'est pour les cousins-germains.

Celui de porter un des deux époux à machiner un divorce, présente seul une forte objection. Mais si le premier conjoint, qu'un nouvel hymen doit en quelque sorte faire revivre, est en effet décédé; si lui-même il a appelé son frère ou sa sœur à prendre soin de sa famille; si quelque autre motif d'un grand intérêt, fait désirer à deux familles de ne point se désunir, il semble que la faculté donnée au Roi, d'accorder des dispenses, ne peut présenter aucun inconvénient.

Le maintient des mœurs exige que ces mariages soient généralement prohibés, mais le maintien des mœurs peut aussi quelquefois exiger qu'on les permette.

Je n'examinerai pas en ce moment s'il serait à propos que la demande faite au Roi, fût accompagnée de l'approbation d'un conseil de famille. Votre prudence, Messieurs, saura, si la Chambre adopte ma Proposition, la rectifier par tous les amendemens dont elle est susceptible.

Quelqu'étendue d'ailleurs que fût en ceci la prérogative royale, elle se limiterait d'elle-même, et par un effet de la sagesse du Roi, et par une suite de la nature même des choses. Quand, suivant les circonstances, le Roi accorderait ou refuserait des dispenses, de l'une ou de l'autre mesure, on ne pourrait attendre que du bien.

Mais il est un motif principal, qui m'engage à vous presser de prendre une résolution, c'est que l'article du Code dont il s'agit, en mettant obstacle à des mariages déjà résolus et sur le point d'être célébrés, a produit par cet effet rétroactif, des maux auxquels il est urgent de porter remède.

Plus de quatre mille familles attendent avec impatience le bienfait de la Loi que vous aurez sollicitée.

Le moindre retard pourrait opérer la ruine ou le déshonneur d'un grand nombre de personnes, si, avant la promulgation de la Loi, la mort frappait quelqu'une de celles qui demandent à s'unir.

Il est des familles vertueuses, dont il sera doux pour nous d'avoir hâté le bonheur; il est aussi plus d'un sujet de scandale, qu'il importe de faire promptement cesser.

Notre Session serait dignement terminée, si la dernière Loi à laquelle nous aurions coopéré, devait servir au maintien des mœurs.

Je demande que ma proposition soit renvoyée dans les Bureaux.

HACQUART, Imprimeur de la Chambre des Députés, rue Gît-le-Cœur, n° 8.

www.ingramcontent.com/pod-product-compliance
Ingram Content Group UK Ltd.
Pitfield, Milton Keynes, MK11 3LW, UK
UKHW022117190726
13855UKWH00003B/904

9 782013 074384